영성으로 읽는 복음

나는 아무것도 할 필요가 없다

KB217479

영성으로 읽는 복음

나는 아무것도 할 필요가 없다

염기석 지음

도서출판 Oneness

때가 찼고
하나님의 나라가 가까이 왔으니
회개하고
복음을 믿으라

서문

만 18살 1개월이 되던 어느 날, 갑자기 하나님이 홀연히 사라진 것처럼 느껴졌다. 하나님이 전혀 믿어지지 않았다. 그전까지만 해도 하나님이 나와 함께 하신다는 믿음이 흔들려 본 적이 없었다. 주님의 이름을 부를 때마다 표현할 수 없는 기쁨과 잔잔함을 느낄 수 있었는데 그것이 아무 이유도 없이 사라진 것이다. 특별한 계기나 삶의 굴곡이 있었던 것도 아니다. 당혹감과 답답함은 이루 말할 수 없었다. 견디기 힘들어 결국 나는 하나의 결심을 하게 되었다. 아니 할 수밖에 없었다는 것이 옳은 표현일 것이다.

교회로 갔다. 그리고 하나님께 기도했다. "하나님, 당신을 도저히 믿을 수가 없습니다. 이제부터는 하나님을 철저히 의심해 보려고 합니다. 이는 하나님을 부정하기 위함이 아니라, 하나님을 정말로 잘 믿기 위함입니다. 나의 길을 인도해 주세요." 기도가 채 끝나기도 전에 이전에 경험했던 그 기쁨이 다시 물밀 듯 밀려왔다.

당시 나는 하나님이 기도에 응답하셨다는 깊은 안도감과 함께 "하나님이 이런 기도도 다 들어주시는구나?"하는 생각이 들었다.

그로부터 39년이 지난 오늘 이 책을 시작한다. 그간의 세월 동안 참으로 많은 일들이 있었다. 하지만 그간의 일들은 지금의 나를 위한 도구였다. 지금도 미래를 위한 도구일 뿐임을 안다. 시간이 사라지고 하나님과 하나 되기 위한 도구다.

나는 그간의 시간들이 믿음의 시련 기간이었다고 생각하지는 않는다. 믿음의 시련과 믿음 자체가 사라지는 것은 분명 다르다. 믿음의 시련은 우리로 하여금 하나님 앞으로 나가게 하는 좋은 연단 도구이다. 하지만 믿음 자체가 사라지는 것은 에크하르트가 말한 것처럼 하나님을 위하여 하나님을 떠나기 위한 것이다.

하나님이 사라졌어도 신앙생활은 여전히 했다. 하지만 그 의미를 찾을 수는 없었다. 그저 남들이 하는 것처럼 그냥 그렇게 했다. 하나님에 대한 내면의 갈등이 갈수록 심해졌다. 그때의 생각은 '흔들리는 것은 더 이상 믿음이 아니다. 나는 그 어떤 경우에도 흔들리지 않는 믿음을 찾고야 말겠다.'는 것이었다.

그것은 기존의 믿음체계를 송두리째 해체하는 것을 의미한다. 나와 이 세계를 더 이상 설명해 주지 못하는 기존의 믿음체계는 더 이상 나를 설득하지 못했다. 과감하게 버렸다. 간혹 하나님에 대한 그럴듯한 해석이 찾아오긴 했지만 몇 달을 못 버티고 사라졌다. 하나님 없이 살아야 했다.

요즘에야 아는 것이지만 사실 종교의 믿음체계나 교리체계는 영의 세계, 즉 하나님 나라를 제대로 설명하지 못한다. 하나님 나라는 지식체계나 인식체계 밖에 있기 때문이다.

하나님께 허락받고 하는 방황이라 거칠 것이 없었다. 수많은 독서는 일시적인 길을 제시해주곤 했지만 어느 정도 시간이 지나면 여전히 내면의 갈등에 휩싸이곤 했다. 결국에는 "나도 없고, 너도 없는 세상에서 살고 싶다. 그리고 그곳에는 하나님 당신도 없어야 합니다."라는 절규로 이어졌다.

기존의 하나님이 사라졌는데 새로운 하나님이 나타나지 않았다. 그 어떤 경우에도 흔들리지 않는 믿음으로 믿을 수 있는 하나님이라면 내 생명을 드리겠노라고 했지만 끝내 그런 하나님은 나타나지 않았다. 사실 그런 하나님이 없다는 것도 50살이 넘어서야 알게 되었지만 그 당시는 매우 절박했었다.

질문과 갈등은 어쩔 수 없이 나를 신학대학원으로 이끌었다. 하지만 거기에도 해답은 없었다. 오히려 질문만 확대되고 구체화되었다. 졸업 후 목회에 나갔지만 믿음 없는 목사가 무슨 목회를 할 수 있겠는가? 그저 제일 편한 길, 남들이 하는 것처럼 그런 목회를 할 뿐이었다.

질문은 사라지지 않았고, 질문은 많은 독서와 방황을 가져왔다. 그러던 중 36살에 느닷없이 치유의 은사가 임했다. "이건 또 뭐야?" 당혹스러웠다. 또 공부를 해야 했다. 은사의 세계도 황홀하여 한 번 빠지면 헤어 나오기 힘든 세계다. 그리하여 은사 사역도 하고 책도 쓰고 강의도 하며 한동안을 보냈다. 그러나 하나님에 대한 궁극적인 질문에 답해 줄 수 없는 은사의 한계를 알고는 그 세계에서 빠져 나왔다. 그리고 6년 전, 이제 더 이상 질문을 미룰 수 없음을 알고는 대외적인 활동을 중단하고 들어앉아 영성에 대해 공부를 시작했다.

지금까지 수많은 질문과 갈등 속에서도 최초의 질문을 결코 잊은 적이 없다. 지난 6년 동안 그 질문들에 대해 친절하게 답해 주신 성령님께 감사드린다. 그리고 그 해답마저 의미 없음을 깨닫게 해주신 것도 감사하다. 길 되신 주님께서 내 길을 인도하셨다.

그리스도이신 예수께 감사와 영광을 돌린다. 그는 나의 생명이시며 하나님이시다. 처음부터 나와 함께 있었고, 영원히 나와 하나인 영원한 나이다.

이 책은 복음의 핵심 구절, **"때가 찼고 하나님의 나라가 가까이 왔으니 회개하고 복음을 믿으라"**(마가 1:15)는 말씀을 가지고 그동안의 나의 질문을 바탕으로 썼다. 이제까지 내가 깨닫고 아는 만큼 썼다. 위 말씀의 단어 하나하나에는 우리가 알 수 없는 것들이 담겨 있기에 질문 없이 읽는 것은 불가능하다. 따라서 나는 질문과 함께 그 해답을 찾아 나갈 것이다. 그 과정에서 기독교 영성의 중요한 개념들이 거의 다 나올 것이다.

기존의 교리적인 대답들은 아예 고려도 하지 않았다. 그것은 그 나름대로의 장점과 단점을 가지고 있는 교리를 무시하는 것이 아니라, 교리를 넘어서 오직 영성의 관점에서 이 글을 쓰고자 했기 때문이다.

이 책은 2부로 되어 있다. 제1부 《복음》에서는 마가복음 1장 15절의 말씀을 가지고 썼다. 복음이란 육의 세계에서 영의 세계, 즉 하나님 나라로 들어가는 다리다. 그리스도이신 예수께서는 하나님 나라가 바로 네 앞에 있으니 너희는 회개함으로써 육의 세계(죄의 세계)를 벗어나 하나님 나라(영의 세계)로 들어가라고 하신다. 이것이 복음이다.

단어 하나하나를 살펴봄으로 복음이 바로 영성의 세계에 대한 초대임을 알게 될 것이다. 그리고 하나님 나라에 들어가기 위해 내가 해야 할 일이 없다는 것도 알게 될 것이다. 모든 것은 성령님의 인도하심에 따라 이루어진다. 마지막 발걸음은 하나님이 친히 옮기신다.

제2부에서는 《영성》에 대해 썼다. 우선 하나님에 대한 성경과 기독교의 대전제들을 살펴보았다. 즉, 하나님은 한 분이시라는 것, 완전하시며, 사랑과 진리이시고, 영원하신 분이라는 것이다. 이것이 그대로 영성의 주제이기도 하다. 그 다음으로는 영성을 영의 세계와 육의 세계로 나누어 육의 세계를 떠나 영의 세계로 가는 것이 영성이라는 것 즉, 영에 관한 모든 것임을 말했다.

관련 성경구절을 각주로 달았다. 이는 영성에 대한 오해를 조금이나마 덜어주려는 의도다. 성경은 영성의 세계로 나가는 길에 대한 이야기로 되어 있다. 하지만 정작 영성의 세계 그 자체에 대한 말씀은 쉽게 찾기 어려울 수 있다. 그래서 관련 구절들을 옮겨 놓음으로 영성에 대한 이 책이 성경에 기초한 것임을 밝히려는 것이다. 따라서 각주의 성경구절들을 함께 읽는 것이 좋다.

이 책은 1인 출판사를 내고 처음으로 출판하는 책이다. 그간 7권의 책을 남의 손을 빌려 출판했지만 이번에는 직접 했다. 이 책에서는 오류가 있을 수 있다. 그것은 전적으로 내 책임이다. 이는 전문인들에게 의뢰하지 않고, 표지 디자인과 인쇄를 제외하고는 직접 했기 때문이다. 그저 책을 쓰는 내 표현과 숨결을 가감 없이 드러내고 했다. 내용상의 오류에 대해서는 사과할 생각이 없다. 여기까지가 나인 걸 어찌하겠는가? 더 좋은 책이 나오길 바랄 뿐이다.

이 책이 나오기까지 많은 분들의 협력이 있었다. 내가 태어나면서부터 지금까지 알고 지낸 모든 이들이 그들이다. 그들은 오늘의 나를 있게 만들었다. 그러기에 그들은 나의 일부이자 나다. 그들 모두에게 감사한다. 출판에 직접적으로 도움 주신 분들도 있다. 그들 역시 나다. 따로 이름을 거론하는 것이 마땅치 않기에 그저 감사하단 말로 대신한다.

58회 생일 그 다음날 아침
치악산 황골에서
빈탕 염기석

도서출판 Oneness와 책 제목에 대하여

영성을 가장 잘 표현하는 단어로 출판사 이름을 정하고 싶었다. 처음에는 "새 언약", "새 계명"의 '새'(카이노스)를 생각했었다. 두 번째는 영원이란 히브리어 단어인 '오람'을 출판사명으로 하려 했다. 출판사 등록 전날, 영성을 꿰뚫는 단어인 '하나'가 생각났다.

하나이기에 영원한 것이며, 하나는 구별이나 분리가 없다. 그러므로 하나는 평화일 수밖에 없다. 영원히 평화로우니 항상 기쁨과 환희만이 넘친다. 그저 하나님 나라다.

Oneness는 완전한 일체, 하나임을 뜻하는 단어다. Oneness는 데이빗 호킨스박사가 주로 쓰는 단어다. 하나밖에 없다는 말이다. 하나이기에 완전하며 전체다. 하나이기에 거룩하고 진리일 수밖에 없다. 모든 것을 대상으로 파악하는 둘의 세계, 에고의 세계에 사는 자들은 결코 이해할 수 없는 말이다.

『나는 아무것도 할 필요가 없다』는 책 제목은 『기적수업(합본)』 교과서, 제18장 꿈의 종결, 7과의 제목에서 따 왔다.

하나 안에서는 하는 자도 없고 해야 할 일도 없다. 무엇인가 할 필요가 있다면 그것은 하나Oneness가 아니다. 하나 안에는 할 것도, 알 것도 없으니 시공간도 없다. 그저 영원이다.

차 례

제 I 부 **복음**

제 I 부 복음

아, 좋구나!

나도 없고
너도 없고
하나님만 있는 나라여!

어서 오라 하니
좋구나
정말 좋을 씨구

덩더꿍 덩더꿍

잔치가 열렸는데
사람은 없고
하나님만 있네

복음은 글자 그대로 복된 소식이다. 복음은 구원에로의 초대요, 구원의 길을 소리 높여 외친다. 누구든지 복음을 믿으면 구원받는다. 하나님의 아들이 된다. 여기에는 예외가 없다. 이보다 더 좋은 소식은 없다.

왜 복음이 필요한가? 필요하다는 말은 그것이 내게 부족하거나 없다는 말이다. 우리가 아직 구원에 이르지 못했기 때문에 복음이 필요한 것이다. 우리가 살고 있는 이 세상이 구원 이전의 세상이기에 하나님 나라로 들어오라는 것이다. 따라서 이 세상으로부터의 구원을 말한다. 구원은 하나님 나라로 들어오라는 초대다.

이 세상은 어떠한 곳이기에 하나님 나라로 들어오라고 하는 것인가? 성경은 한마디로 죄라고 말한다. 이를 바울은 이 세상의 모든 사람들, 즉 죄인들을 다음과 같이 묘사한다.

> 기록된바 "의인은 없나니 하나도 없으며 깨닫는 자도 없고 하나님을 찾는 자도 없고 다 치우쳐 함께 무익하게 되고 선을 행하는 자는 없나니 하나도 없도다. 그들의 목구멍은 열린 무덤이요, 그 혀로는 속임을 일삼으며 그 입술에는 독사의 독이 있고 그 입에는 저주와 악독이 가득하고 그 발은 피 흘리는 데 빠른지라. 파멸과 고생이 그 길에 있어 평강의 길을 알지 못하였고, 그들의 눈앞에 하나님을 두려워함이 없느니라." 함과 같으니라.(롬 3:10-18)

이러한 세상에서 고통당하는 사람들을 구원하여 하나님 나라로 들이기 위해 그리스도이신 예수께서 이 땅에 오셨다.[1] 주를 믿고 그의 복음을 받아들이는 사람은 누구나 구원을 받는다.[2] 이 세상을 성경에서는 땅,[3] 육의 세계,[4] 세상으로,[5] 영성에서는 에고ego 의 세계라고 부른다. 이에 반해 하나님 나라는 하늘,[6] 영 또는 영

1) (마 1:21)아들을 낳으리니 이름을 예수라 하라 이는 그가 자기 백성을 그들의 죄에서 구원할 자이심이라 하니라
2) (요 3:16)하나님이 세상을 이처럼 사랑하사 독생자를 주셨으니 이는 그를 믿는 자마다 멸망하지 않고 영생을 얻게 하려 하심이라 (요17)하나님이 그 아들을 세상에 보내신 것은 세상을 심판하려 하심이 아니요 그로 말미암아 세상이 구원을 받게 하려 하심이라
   (행 16:30)그들을 데리고 나가 이르되 선생들이여 내가 어떻게 하여야 구원을 받으리이까 하거늘 (행31)이르되 주 예수를 믿으라 그리하면 너와 네 집이 구원을 받으리라 하고
3) (요 3:31)위로부터 오시는 이는 만물 위에 계시고 땅에서 난 이는 땅에 속하여 땅에 속한 것을 말하느니라 하늘로부터 오시는 이는 만물 위에 계시나니
   (마 6:10)나라가 임하시오며 뜻이 하늘에서 이루어진 것 같이 땅에서도 이루어지이다
4) (요 3:6)육으로 난 것은 육이요 영으로 난 것은 영이니
   (롬 8:5)육신을 따르는 자는 육신의 일을, 영을 따르는 자는 영의 일을 생각하나니 (롬6)육신의 생각은 사망이요 영의 생각은 생명과 평안이니라
5) (요 8:23)예수께서 이르시되 너희는 아래에서 났고 나는 위에서 났으며 너희는 이 세상에 속하였고 나는 이 세상에 속하지 아니하였느니라
   (요 18:36)예수께서 대답하시되 내 나라는 이 세상에 속한 것이 아니니라 만일 내 나라가 이 세상에 속한 것이었더라면 내 종들이 싸워 나로 유대인들에게 넘겨지지 않게 하였으리라 이제 내 나라는 여기에 속한 것이 아니니라
6) (마 6:19)너희를 위하여 보물을 땅에 쌓아 두지 말라 거기는 좀과 동록이 해하며 도둑이 구멍을 뚫고 도둑질하느니라 (마20)오직 너

의 세계로[7] 영성에서는 참나Self/그리스도 등으로 부른다.

자 그렇다면 하나님 나라는 어떠한 곳인가? 그곳은 인간의 언어로 묘사하거나 표현할 수 없다. 무한하고 영원한 나라를 제한된 인간의 언어로 표현한다는 것은 말이 안 된다. 하지만 성경은 인간의 언어 중에 최대한의 근사치로 표현하는데 대표적인 단어가 평화다.[8] 그 나라는 기쁨의 나라요, 영원한 나라다.[9] 바로 이 나라로 들어오라는 초대의 소식이 복음이다.

희를 위하여 보물을 하늘에 쌓아 두라 거기는 좀이나 동록이 해하지 못하며 도둑이 구멍을 뚫지도 못하고 도둑질도 못하느니라
(마 18:18)진실로 너희에게 이르노니 무엇이든지 너희가 땅에서 매면 하늘에서도 매일 것이요 무엇이든지 땅에서 풀면 하늘에서도 풀리리라

7) (요 3:6)육으로 난 것은 육이요 영으로 난 것은 영이니
(롬 8:5)육신을 따르는 자는 육신의 일을, 영을 따르는 자는 영의 일을 생각하나니 (롬6)육신의 생각은 사망이요 영의 생각은 생명과 평안이니라

8) (요 14:27)평안을 너희에게 끼치노니 곧 나의 평안을 너희에게 주노라 내가 너희에게 주는 것은 세상이 주는 것과 같지 아니하니라 너희는 마음에 근심하지도 말고 두려워하지도 말라
(요 16:33)이것을 너희에게 이르는 것은 너희로 내 안에서 평안을 누리게 하려 함이라 세상에서는 너희가 환난을 당하나 담대하라 내가 세상을 이기었노라
(행 10:36)만유의 주되신 예수 그리스도로 말미암아 화평의 복음을 전하사 이스라엘 자손들에게 보내신 말씀

9) (요 15:11)내가 이것을 너희에게 이름은 내 기쁨이 너희 안에 있어 너희 기쁨을 충만하게 하려 함이라
(벧후 1:11)이같이 하면 우리 주 곧 구주 예수 그리스도의 영원한 나라에 들어감을 넉넉히 너희에게 주시리라
(요 5:24)내가 진실로 진실로 너희에게 이르노니 내 말을 듣고 또 나 보내신 이를 믿는 자는 영생을 얻었고 심판에 이르지 아니하나니 사망에서 생명으로 옮겼느니라

기독교 영성은 이 육의 세계를 떠나 영의 세계, 하나님 나라로 들어가는 것, 하나님과 하나가 되는 것(합일), 참나/그리스도가 되는 것을 목표로 한다. 그렇다면 복음과 영성은 다른 것이 아니다. 복음은 영성에로의 초대의 소식이며, 영성의 내용과 영성의 세계에 대한 말씀이다.

육의 세계의 사고체계로는 영의 세계의 사고체계를 전혀 이해할 수 없다.[10] 인간적인 생각, 즉 이원성을 바탕으로 하는 에고의 사고체계로 이 말씀을 보면 말씀의 참뜻을 이해하지 못한다. 그러므로 성령의 사고체계로, 영성의 사고체계로 이 말씀을 읽을 때 참된 복음의 의미에 눈을 뜨게 될 것이다.

자, 이제부터 복음의 핵심 구절인 마가복음 1장 15절의 말씀을 가지고 영성의 입장에서 살펴보자. 이 말씀 속에는 영성의 대부분의 주제들이 다 담겨 있음을 알게 될 것이다. 정말로 친절하신 성령님께서 이 말씀을 각 사람의 수준에 맞게 이해하도록 도우실 것이다.

때가 찼고 하나님의 나라가 가까이 왔으니
회개하고 복음을 믿으라

---

10) (롬 8:6)육신의 생각은 사망이요 영의 생각은 생명과 평안이니라
(롬7)육신의 생각은 하나님과 원수가 되나니 이는 하나님의 법에
굴복하지 아니할 뿐 아니라 할 수도 없음이라

1. 때(카이로스)

시간을 의미하는 헬라어 단어는 대략 3가지다. '카이로스', '크로노스', '호라'가 그것이다. 호라는 계절, 확정된 그리고 명확한 시간을 말할 때 주로 쓴다.[11] 크로노스는 지급기일처럼 특정한 시점이나 시간의 간격을 말할 때 주로 쓴다.[12] 카이로스는 기회, 즉 정해진, 또는 적당한 때, 항상, (평안한, 적당한)시기, (적당한, 짧은)때를 말할 때는 주로 쓴다.[13] 호라는 한 시, 두 시 할 때 쓰는 시간을 말하는 것이다. 때와는 구별되므로 논의에서 제외하고 크로노스와 카이로스의 때를 좀 더 면밀히 살펴보자.

크로노스의 때는 확정된 시간의 간격을 말하는 것이다. 이를 선형적 시간이라고 부른다. 즉 우리가 어제, 오늘, 내일이라고 부르는 마치 선line처럼 일정하게 늘어선 시간을 말한다. 시작과 끝이

---

11) (막 15:33)제 육시가 되매 온 땅에 어둠이 임하여 제 구시까지 계속하더니
12) (마 2:7)이에 헤롯이 가만히 박사들을 불러 별이 나타난 **때**를 자세히 묻고
   (막 2:19)예수께서 그들에게 이르시되 혼인 집 손님들이 신랑과 함께 있을 **때**에 금식할 수 있느냐 신랑과 함께 있을 동안에는 금식할 수 없느니라
13) (막 11:13)멀리서 잎사귀 있는 한 무화과나무를 보시고 혹 그 나무에 무엇이 있을까 하여 가셨더니 가서 보신즉 잎사귀 외에 아무것도 없더라 이는 무화과의 **때**가 아님이라
   (막 13:33)주의하라 깨어 있으라 그 **때**가 언제인지 알지 못함이라

과거 현재 미래로 마치 눈금자처럼 길게 늘어선 시간이다. 이 선형적 시간은 언젠가 끝이 있다는 것이 묵시문학의 특징이다. 즉, 시간의 끝인 말세를 말할 때 이 단어를 쓴다.14)

이에 비해 카이로스의 때는 적당한 때나 시기를 말하는 것이다. 이를 비선형적 시간, 불특정한 시간이라고 부른다. 크로노스가 말세의 때라면 카이로스는 종말의 때를 말한다.15) 열 처녀의 비유에 나오는 것처럼 신랑이 오는 때는 불특정한 시간이다.16) 지금 준비된 자만이 혼인잔치에 들어간다.

따라서 종말론적인 시간이란 항상, 지금을 말하는 것이지 말세론에서 말하는 것처럼 미래의 어느특정한 시간을 말하는 것이 아니다. 역사적으로 보면 기독교는 항상, 지금의 종말론적 신앙을 유지해 왔다.

본문에서 때가 찼다는 말씀에서 때는 카이로스를 썼다. 이는 하나님 나라가 미래의 어느 특정 시점에 임하는 나라가 아니라는 것

---

14) (벧전 1:20)그는 창세전부터 미리 알린바 되신 이나 이 **말세(에스 카토스 호 크로노스)**에 너희를 위하여 나타내신바 되었으니
15) (막 13:33)주의하라 깨어 있으라 그 **때(카이로스)**가 언제인지 알지 못함이라
16) (마 25:1)그 때에 천국은 마치 등을 들고 신랑을 맞으러 나간 열 처녀와 같다 하리니 (마2)그 중의 다섯은 미련하고 다섯은 슬기 있는 자들 … (마10)그들이 사러 간 사이에 신랑이 오므로 준비하였던 자들은 함께 혼인 잔치에 들어가고 문은 닫힌지라 (마11)그 후에 남은 처녀들이 와서 이르되 주여 주여 우리에게 열어 주소서 (마12)대답하여 이르되 진실로 너희에게 이르노니 내가 너희를 알지 못하노라 하였느니라 (마13)그런즉 깨어 있으라 너희는 그 날과 그 때를 알지 못하느니라

이다. 하나님 나라의 시간은 항상, 지금의 종말론적인 때요, 비선형적인 시간을 말한다. 이것을 다른 말로 표현한 것이 영원이란 단어다. 하나님 나라는 영원한 나라라고 말하는 이유가 이것이다.

영원이란 단어는 히브리어로 '오람'이다. 이는 '감추다', '숨기다'는 '아람'에서 파생된 단어다. 따라서 오람은 감추어진 시간, 생각 밖의 시간, 시간 너머의 시간이며, 부사로 쓰일 때는 항상, 지금이란 뜻을 가진다. 그러므로 영원은 인간의 시간으로는 파악할 수 없는 시간 너머의 시간이다. 그러기에 항상, 지금이라고 밖에 표현할 수 없다. 영원한 현재다.[17]

영성에서도 마찬가지다. 영성에서의 시간은 항상, 지금밖에 없다. 선형적 시간인 크로노스의 시간은 에고의 사고체계 속에만 있는 시간이다. 하나님 안에는 크로노스의 시간이란 없다. 비선형적인 영원한 시간밖에 없다. 사실 그렇다고 말할 수 있는 시간도 없다. 하나 안에는 시간이란 존재하지 않기 때문이다. 단지 인간의 언어로 시간 너머의 시간을 영원이라고 부르는 것이다.

복음은 하나님 나라가 임하였다는 소식인데 언제 임하느냐 하면 바로 지금이다. 나중, 그 언제가 아니다. 지금이 구원받을 때요, 오늘이 구원의 날이다.[18]

---

17) (전 3:11)하나님이 모든 것을 지으시되 때를 따라 아름답게 하셨고 또 사람들에게는 영원(오람)을 사모하는 마음을 주셨느니라 그러나 하나님이 하시는 일의 시종을 사람으로 측량할 수 없게 하셨도다
(시 93:2)주의 보좌는 예로부터 견고히 섰으며 주는 영원부터 계셨나이다
(시 92:8)여호와여 주는 영원토록 지존하시니이다

2. 찼다(플레로오)

"때가 찼다"에서 '찼다'는 말은 헬라어로 '플레로오'란 단어다.[19] 이는 완전히 가득 찼다는 말이다. 명사형이 '플레로마'인데 이는 '충만'이란 뜻이다.[20]

17년 전 쯤에 성경을 읽다가 이 충만이 하나님 나라를 잘 표현해주는 말이라는 것을 깨달았다. 우리는 이 충만을 부족하거나 없는 것을 채운다는 뜻으로 곧잘 쓰곤 하는데 그런 뜻은 아니다. 흔히 부흥회 때 성령 충만을 외치곤 하는데 그것은 충만이란 단어의 의미를 잘못 사용하는 것이다. 부족한 것을 채우는 것이 아니라, 플레로마는 본래 충만한 것을 말한다.[21] 충만을 위해 아무것도 필요하지 않다. 아버지의 충만이 곧 아들의 충만이다.

성경에서 플레로마는 하나님의 완전성을 뜻하는 말이다.[22] 그러

---

18) (고후 6:2)이르시되 내가 은혜 베풀 **때(카이로스)**에 너에게 듣고 구원의 날에 너를 도왔다 하셨으니 보라 지금은 은혜 받을 만한 **때(카이로스)**요 보라 지금은 구원의 날이로다
19) (엡 5:18)술 취하지 말라 이는 방탕한 것이니 오직 성령으로 **충만함을 받으라(플레로오)**
20) (골 1:19)아버지께서는 모든 **충만(플레로마)**으로 예수 안에 거하게 하시고
　　(골 2:9)그 안에는 신성의 모든 **충만(플레로마)**이 육체로 거하시고
21) (요 1:16)우리가 다 그의 충만한 데서 받으니 은혜 위에 은혜러라
22) (고전 10:26)이는 땅과 거기 충만한 것이 주의 것임이라

므로 하나님 나라는 완전한 나라다. 완전을 뜻하는 헬라어 '텔레이오스'는 완성을 위해 필요한 것이 전혀 없는 상태를 말할 때 쓰는 단어다.[23] 하나님의 완전하심은 하나님은 자신의 완성을 위해 필요한 것이 전혀 없다는 말이다. 또한 하나님은 완전하시기에 언제, 어느 곳이든지 다 계신다. 하나님이 없는 곳이 있다면 그것은 하나님이 불완전하다는 뜻이다. 있을 수 없다.

우리는 흔히 하나님이 계시다면 어떻게 이런 일이 있을 수 있을까 하고 반문하지만 하나님 없는 곳은 없다. 하나님이 하시지 않는 일도 없다. 하나님의 어리석음이 인간의 지혜보다 낫다고 하는 말은 하나님이 어리석다는 말이 아니다. 그것은 하나님을 인간의 지혜로 측량할 수 없다는 말이다.[24] 하나님을 인간의 지혜로 측량할 수 없다는 말은 그 어떠한 인간의 지혜로도 하나님을 설명할 수 없다는 말이다.

신앙인은 누구나 안다. 하나님이 하시는 일을 인간이 측량할 수 없기에 그저 믿음밖에 없다는 것을. 그리고 모든 것이 은혜라는 사실을.

본문에서 때가 찼다고 하는 말을 주석가들이 예수 그리스도가

---

23) (마 5:48)그러므로 하늘에 계신 너희 아버지의 **온전**하심과 같이 너희도 온전하라(개역개정판)
　　(마 5:48)그러므로 하늘에 계신 너희 아버지께서 **완전**하신 것 같이, 너희도 완전하여라."(표준새번역)
24) (욥 11:7)네가 하나님의 오묘함을 어찌 능히 측량하며 전능자를 어찌 능히 완전히 알겠느냐 (욥8)하늘보다 높으시니 네가 무엇을 하겠으며 스올보다 깊으시니 네가 어찌 알겠느냐

이 땅에 오셔서 복음을 전하실 모든 준비가 다 되어 있다는 뜻으로 잘못 해석하곤 한다. 그래서 예수께서 오실 때가 찼기에 2000년 전 바로 그때에 오셨다고 말한다. 물론 그런 의미가 아니다.

이는 구원의 현재성과 완전성을 말하는 것이다. 종말론적인 때, 구원의 때는 항상 차 있다. 영원한 현재가 항상 차 있다. 2천 년 전이든 지금이든 항상 차 있기에 시간은 의미가 없다. 누구든지 구원의 때가 따로 있는 것이 아니다. 바로 지금이다. 예수 그리스도가 오시는 때가 따로 있는 것이 아니다. 바로 지금이다. 이에 대해서 하나님 나라가 가까이 왔다는 말에서 다시 한 번 거론하게 될 것이다.

3. 하나님 나라

19년 전 학위 논문을 쓸 때 갑자기 하나님 나라가 뭔지 모르는 사람처럼 된 적이 있었다. 당시 논문 제목이 "하나님 나라 회복으로서의 치유 목회 연구"였는데 하나님 나라를 모르겠는 것이다. 분명히 머릿속으로는 '하나님이 통치하는 나라', 또는 종말론으로 표현되는 각종 이론들이 떠오르긴 하는데 도무지 와 닿지 않았다. 그리하여 몇 달 동안 하나님 나라에 대해 다시 공부를 해야 했다. 하지만 공부를 하면 할수록 더 모르는 것이었다.

시간 패러다임으로 하나님 나라를 설명하는 신학이론들이 이른 바 종말론인데 그 시간도 뭔지를 모르겠다. 시간에 대한 서적을 구해 열심히 읽어도 읽으면 읽을수록 도무지 모르겠다.

그러던 중 어느 날 아침, 갑자기 시간이란 것이 본디 없는 것이라는 것을 깨닫고는 기존의 종말론이 설명하는 하나님 나라에 대한 이론이 허구임을 알게 되었다. 그 다음해에 가서야 하나님 나라는 시공간으로 설명할 수 없다는 사실을 깨닫게 되었다.

하나님 나라를 시간 패러다임으로 설명하게 되면 필연적으로 허무 속에 빠지게 된다. 이는 시간의 속성이 허무이기 때문이다. 즉 한번 지나간 시간은 되돌릴 수 없기에 하나님 나라가 시간 속에 임한다면 그 순간이 지나는 즉시 하나님 나라는 이미 과거의 일이 되고 만다. 하나님 나라를 되돌릴 수 없다. 허무 속에 빠졌다. 그러므로 위르겐 몰트만이 말한 것처럼 하나님 나라는 시간으로 설명할 수는 없다.

하나님의 통치가 이루어지는 공간으로 설명해도 마찬가지 결론에 도달한다. 모든 공간은 시간과 함께 변한다. 같은 강물에 두 번 발을 담글 수 없다. 공간이 시간과 더불어 늘 변하기 때문에 역시 무상無常하다.

그렇다면 복음의 핵심인 하나님 나라는 무엇이며, 언제, 어디에 존재하는가?

내면과 하나님 나라

　그리스도이신 예수께서 하나님 나라는 너희 안에 있다고 하셨다.[25] 이는 하나님 나라가 볼 수 있는 시공간이 아닌 우리의 내면에 있다는 말씀이다. 영성가들이 내면을 이야기할 때는 내면이라는 곳이 우리 안의 어딘가에 있다는 말이 아니다. 이 말은 시간과 공간을 차지하는 특정한 장소나 시간을 말하는 것이 아니라, 시공간 너머의 그 무엇을 말하는 것이다.

　로마의 속국이었던 유대는 다윗과 같은 성군이 나타나 국가를 회복시키고 민족을 부흥시킬 것으로 믿었다. 그 일을 감당할 사람이 바로 메시야다.[26] 하지만 주님은 분명히 말씀하셨다. 하나님 나라는 시공간 안에 임하는 것이 아니라, 그 너머에 있는 그 무엇이며 시공간과는 전혀 다른 세계라고 말씀하셨다.[27] 인간의 모든

---

25) (눅 17:20)바리새인들이 하나님의 나라가 어느 때에 임하나이까 묻거늘 예수께서 대답하여 이르시되 하나님의 나라는 볼 수 있게 임하는 것이 아니요 (눅21)또 여기 있다 저기 있다고도 못하리니 하나님의 나라는 너희 안에 있느니라
26) (행 1:6)그들이 모였을 때에 예수께 여쭈어 이르되 주께서 이스라엘 나라를 회복하심이 이 때니이까 하니
27) (요 3:3)예수께서 대답하여 이르시되 진실로 진실로 네게 이르노니 사람이 거듭나지 아니하면 하나님의 나라를 볼 수 없느니라 (요4)니고데모가 이르되 사람이 늙으면 어떻게 날 수 있사옵나이까 두 번째 모태에 들어갔다가 날 수 있사옵나이까 (요5)예수께서 대답하시되 진실로 진실로 네게 이르노니 사람이 물과 성령으로 나지 아니하면 하나님의 나라에 들어갈 수 없느니라 (요6)육으로 난 것은

언어는 시공간을 전제로 하기에 하나님 나라는 인간의 언어로 표현할 수 없다. 그러므로 그 무엇이라고 밖에 말할 수 없는 것이다.

그 나라는 내면에 있기에 거듭난 자만이 들어가는 영의 세계다. 그러므로 육의 세계에서는 임하지 않는다. '거듭(아노덴) 나다(겐나오)'는 말에서 겐나오는 '애를 낳다'는 말이다. 거듭을 뜻하는 '아노덴'은 맨 꼭대기라는 '아노'에서 유래된 말이다. 따라서 거듭은 '맨 처음부터 다시, 새롭게'라는 뜻이 된다.

그러므로 거듭남은 새로운 어떤 존재로 다시 태어난다는 뜻이 아니다. 그저 처음으로 되돌아가는 것을 말한다. 그럼 처음은 어디를 말하는가? 육으로 난 것은 육이요, 영으로 난 것은 영이라는 말씀에 그 해답이 있다.

창세기에 보면 사람은 하나님의 숨(영)으로 창조 되었다.[28] 하지만 선과 악을 알게 하는 나무의 열매를 따먹은 후에 육이 된다.[29]

육이요 영으로 난 것은 영이니 (요7)내가 네게 거듭나야 하겠다 하는 말을 놀랍게 여기지 말라

(요 18:36)예수께서 대답하시되 내 나라는 이 세상에 속한 것이 아니니라 만일 내 나라가 이 세상에 속한 것이었더라면 내 종들이 싸워 나로 유대인들에게 넘겨지지 않게 하였으리라 이제 내 나라는 여기에 속한 것이 아니니라 (요37)빌라도가 이르되 그러면 네가 왕이 아니냐 예수께서 대답하시되 네 말과 같이 내가 왕이니라 내가 이를 위하여 태어났으며 이를 위하여 세상에 왔나니 곧 진리에 대하여 증언하려 함이로라 무릇 진리에 속한 자는 내 음성을 듣느니라 하신대

28) (창 2:7)여호와 하나님이 땅의 흙으로 사람을 지으시고 생기(너솨마, 숨, 영)를 그 코에 불어넣으시니 사람이 생령(네페쉬)이 되니라

29) (창 6:3)여호와께서 이르시되 나의 영이 영원히 사람과 함께 하지 아니하리니 이는 그들이 **육신(바싸르, 살, 고기)**이 됨이라 그러나

바울은 아담으로 인해 죄가 이 세상에 들어와 모든 사람들이 사망에 이르게 되었지만, 그리스도로 말미암아 모든 사람이 생명에 이르게 되었다고 말한다.[30]

그리스도의 복음을 믿고 죄 사함을 받아 구원받은 사람은 누구나 거듭나게 되는데 이는 육에서 영으로 세계가 바뀐다는 말이다. 즉, 처음 창조될 때의 그 자리, 영의 자리로 되돌아가는 것을 말한다. 다시 말하지만 이는 시공간의 그 어디가 아니라, 본래의 자리로 되돌아가는 것이다. 본래의 그 자리가 시공간에 속한 것이 아니기에 내면이라고 말하는 것이다.

영원한 하나의 나라

거듭난 자의 나라가 시공간 너머의 세계라는 것은 영원한 나라

그들의 날은 백이십 년이 되리라 하시니라
30) (롬 5:14)그러나 아담으로부터 모세까지 아담의 범죄와 같은 죄를 짓지 아니한 자들까지도 사망이 왕 노릇 하였나니 아담은 오실 자의 모형이라 (롬15)그러나 이 은사는 그 범죄와 같지 아니하니 곧 한 사람의 범죄를 인하여 많은 사람이 죽었은즉 더욱 하나님의 은혜와 또한 한 사람 예수 그리스도의 은혜로 말미암은 선물은 많은 사람에게 넘쳤느니라 (롬16)또 이 선물은 범죄한 한 사람으로 말미암은 것과 같지 아니하니 심판은 한 사람으로 말미암아 정죄에 이르렀으나 은사는 많은 범죄로 말미암아 의롭다 하심에 이름이니라 (롬17)한 사람의 범죄로 말미암아 사망이 그 한 사람을 통하여 왕 노릇 하였은즉 더욱 은혜와 의의 선물을 넘치게 받는 자들은 한 분 예수 그리스도를 통하여 생명 안에서 왕 노릇 하리로다

라는 말이다. 에고의 사고체계 속에 사는 인간들은 영원이란 말을 도저히 이해할 수 없다. 하나란 말도 이해 못하기는 마찬가지다.

사람들은 모든 것을 원인과 결과로 분리한 후에 각각에 의미를 부여하고 판단한다. 모든 일에 시작과 끝이 있다고 믿는다. 이것을 영성에서는 이원성duality이라고 부른다. 둘로 보는 것이다. 보는 자와 보이는 대상이 있다. 보이는 대상도 서로 비교하여 어느 것이 좋고 나쁜지를 구별한다. 이러한 사고체계에서는 하나가 무엇인지 이해하기란 불가능하다.

모든 만물이나 사건들을 둘로 구분할 때는 필연적으로 시공간이 있어야 한다. 원인에서 시작하여 결과까지를 인식하려면 시간과 공간이 있어야 한다. 원인에서 결과까지의 거리가 시공간이다.

인과론적인 에고의 사고체계에서는 시공간 안에서 벌어지는 모든 사건들과 보이는 만물은 실재Reality가 된다. 이러한 시공간이 실재라고 믿는 사고체계 안에서는 시간 너머의 영원을 이해한다는 것 자체가 불가능하다.

하나님의 나라, 영의 세계는 하나의 세계다. 하나는 이름이 없기에 그냥 그것이다. 주님도 "아버지와 나는 하나다.", "너희와 나는 하나다."라고 하셨다.[31] 하나는 분리가 없다. 시작도 끝도 없다.[32]

---

31) (요 17:21)아버지여, 아버지께서 내 안에, 내가 아버지 안에 있는 것 같이 그들도 다 하나가 되어 우리 안에 있게 하사 세상으로 아버지께서 나를 보내신 것을 믿게 하옵소서 (요22)내게 주신 영광을 내가 그들에게 주었사오니 이는 우리가 하나가 된 것 같이 그들도 하나가 되게 하려 함이니이다
32) (히 13:8)예수 그리스도는 어제나 오늘이나 영원토록 동일하시니

시간 너머에 있으니 시공간이란 존재할 수 없다. 그러므로 하나님 나라는 원인과 결과, 구별이나 분리가 없는 하나의 나라이며, 시공간 너머에 있으니 영원한 나라이다.

평화의 나라

하나님 나라는 평화의 나라다. 하나님 나라를 전하러 오신 주님은 당연히 평화의 왕이 되신다. 그가 주신 복음은 평화의 복음이다.[33]

우리는 그저 하나님 나라는 평화의 나라라고 한다. 하나님 나라를 왜 평화의 나라라고 하는가? 이런 질문은 생각하기도 쉽지 않지만 대답하기도 쉽지 않을 것이다. 질문 없이 그저 그러려니 믿으면 의심 없는 믿음이 되는가? 진정한 믿음이란 의심을 뚫고 나와 의심이 사라진 상태를 말한다.

왜 평화의 나라인가? 이제까지 하나님 나라에 대해 말한 내용을 충분히 이해한 사람이라면 쉽게 대답할 수 있을 것이다. 그것은 하나의 나라이기 때문이다. 평화에 반대되는 모든 개념들은 둘일

라
　(시 90:2)산이 생기기 전, 땅과 세계도 주께서 조성하시기 전 곧 영원부터 영원까지 주는 하나님이시니이다
33) (행 10:36)만유의 주되신 예수 그리스도로 말미암아 화평의 복음을 전하사 이스라엘 자손들에게 보내신 말씀

때에만 가능하다. 다툼이나 분쟁은 둘이 있어야 가능하다. 시기, 질투, 의심, 분노, 심판, 비판, 근심, 두려움 등은 대립되는 둘이 있어야만 가능하다.

하나는 분리도 없고, 구별도 없으며, 대상이 없으니 거기에 분쟁, 다툼, 미움, 걱정, 근심 등이 있으려야 있을 수 없다. 당연히 하나 안에는 평화만이 있다. 하나님 나라가 평화의 나라인 것은 하나이기 때문이다. 비판할 대상이 없으니 그저 평화만이 가득할 뿐이다.[34] 더 무슨 말을 덧붙일 수 있겠는가?

마지막으로 하나님 나라에 대해 한마디 더하자면 "하나님 나라는 너희 안에 있다."는 말은 네가 하나님 나라라는 말이다.[35] 그 나라가 내 안에 있으니 그것이 나다. 또한 하나님 나라가 시공간

---

34) (요 14:27)평안을 너희에게 끼치노니 곧 나의 평안을 너희에게 주노라 내가 너희에게 주는 것은 세상이 주는 것과 같지 아니하니라 너희는 마음에 근심하지도 말고 두려워하지도 말라
   (롬 5:1)그러므로 우리가 믿음으로 의롭다 하심을 받았으니 우리 주 예수 그리스도로 말미암아 하나님과 화평을 누리자
   (롬 14:17)하나님의 나라는 먹는 것과 마시는 것이 아니요 오직 성령 안에 있는 의와 평강과 희락이라
   (마 7:1)비판을 받지 아니하려거든 비판하지 말라 (마2)너희가 비판하는 그 비판으로 너희가 비판을 받을 것이요 너희가 헤아리는 그 헤아림으로 너희가 헤아림을 받을 것이니라
   (요 3:17)하나님이 그 아들을 세상에 보내신 것은 세상을 심판하려 하심이 아니요 그로 말미암아 세상이 구원을 받게 하려 하심이라
35) (눅 17:20)바리새인들이 하나님의 나라가 어느 때에 임하나이까 묻거늘 예수께서 대답하여 이르시되 하나님의 나라는 볼 수 있게 임하는 것이 아니요 (눅21)또 여기 있다 저기 있다고도 못하리니 하나님의 나라는 너희 안에 있느니라

이 아니므로 나라라는 말은 필요 없다. 그저 하나님이다. 그렇다면 네가 하나님 나라라는 말은 거듭난 네가 하나님이라는 말이다.[36)]

4. 가까이 왔다

하나님 나라가 가까이 왔다. '가까이 왔다'는 말은 헬라어 '엥기조'로 '접근하다', '가까이 오다'라는 뜻이다. 이 단어는 '가까운', '임박한'이란 '엥귀스'에서 유래된 말이다. 엥귀스의 기본 동사는 '앙코'인데 이는 '짜다.', '조르다.'라는 뜻이다. 그러므로 엥기조는 하나님 나라가 임박하게 가까이 왔다는 뜻이다.

어느 정도 가까이 왔느냐 하면 수건을 짤 때, 손과 수건 사이가 꽉 붙어있는 것처럼 가까이 있다는 말이다. 또는 목을 조를 때 목과 손아귀가 꽉 밀착해져 있는 것처럼 그 정도로 가까이 있다는

---

36) (요 10:30)나와 아버지는 하나이니라 하신대 (요31)유대인들이 다시 돌을 들어 치려하거늘 (요32)예수께서 대답하시되 내가 아버지로 말미암아 여러 가지 선한 일로 너희에게 보였거늘 그 중에 어떤 일로 나를 돌로 치려 하느냐 (요33)유대인들이 대답하되 선한 일로 말미암아 우리가 너를 돌로 치려는 것이 아니라 신성모독으로 인함이니 네가 사람이 되어 자칭 하나님이라 함이로라 (요34)예수께서 이르시되 너희 율법에 기록된 바 내가 너희를 신이라 하였노라 하지 아니하였느냐 (요35)성경은 폐하지 못하나니 하나님의 말씀을 받은 사람들을 신이라 하셨거든 (요36)하물며 아버지께서 거룩하게 하사 세상에 보내신 자가 나는 하나님의 아들이라 하는 것으로 너희가 어찌 신성모독이라 하느냐

말이다.

영어성경에는 "the kingdom of God is at hand"(KJV)라고 하였다. 이를 직역하면 하나님 나라가 손안에 있다는 말이다. 그 정도로 가까이 있다는 말이다. 이를 신학자들은 하나님 나라의 임박성이라고 말한다.

우리 개역(개정)성경에서는 하나님 나라가 가까이 **왔다**고 번역을 했는데 이를 영어성경처럼 가까이 **있다**고 번역하는 것이 더 낫다는 생각이다. 그러나 하나님 나라가 손안에 있는 것처럼 가까이 있다고 하든지, 가까이 왔다고 하든지 둘 다 본문의 '엥기조'란 단어의 의미를 제대로 전달해주지 못한다.

그 이유를 성실한 독자라면 금방 알 수 있을 것이다. 바로 위에서 하나님 나라의 영원성, 하나임을 말했다. 가까이 있든, 가까이 왔던 간에 둘 다 시간과 공간을 내포하고 있다. 하지만 엥기조는 그렇지 않다.

목을 조를 때, 목과 손아귀 사이에 공간이 존재하는가? 조금이라도 공간이 존재한다면 그것은 목을 조르는 것이 아니라, 목에 손을 대고 있는 것이다. 하나님 나라는 시간과 공간이 존재하지 않는 영원한 나라이다. 시공간이 없이 완전히 밀착된 하나의 나라다.

또한 하나님 나라는 완전한 나라다. 완전하려면 없는 곳이 없어야 한다. 하나님 나라가 없는 곳이 있다면 그 나라는 우리가 알 수 없는 또 다른 시공간에 존재해야만 한다. 하지만 그런 나라는 둘이기에 불완전한 나라가 되고 만다. 따라서 하나님 나라가 가까이 있다는 말은 하나님 나라가 시공간 너머의 하나의 나라요, 완전한 나라로서 모든 곳에 있다는 말이다.

'가까이 있다'는 '엥기조'란 단어가 3인칭 단수, 직설법, 능동태, 완료형으로 되어 있다는 점을 유념해야 한다.

하나님 나라가 시간 속에서 우리에게 다가오는 것이 아니라 이미 와 있기에 완료형이다. 하나님 나라가 따로 있는 것이 아니기에 복수형을 쓰지 않고 단수형을 썼다. 하나님 나라가 어떤 조건에 따라 수동적으로 오는 것이 아니라, 하나님 나라가 능동적으로 우리와 상관없이 임해 있다. 그리고 직설법인 것인 하나님 나라가 이미 왔음을, 이 세상에 있음을, 그것이 완료되었음을 선포하는 것이다.

하나님 나라가 가까이 왔다는 말은 하나님 나라가 이미 너희 안에 있다는 말과 같은 말이다.[37] 우리 안에 하나님 나라가 있으면 이미 우리가 하나님 나라인 것이다. 하나님 나라를 시공간으로 이해하는 사람은 나와 동떨어진 그 어딘가에 있다고 생각할 것이다. 그러나 하나님 나라는 없는 곳이 없다. 바로 지금, 여기가 하나님 나라다. 나와 구별되지도 않고, 그 어떤 대상도 될 수 없는 나라

---

37) (눅 17:21)또 여기 있다 저기 있다고도 못하리니 하나님의 나라는 너희 안에 있느니라
　　우리 성경에서는 '보라(이두, behold(KJV))'란 단어의 해석이 빠져 있다. 이를 포함해서 해석하면 "보라! 하나님 나라가 현재 너희 안에 있다."가 된다. '있다.'는 단어는 헬라어 '에이미'로 영어로 하면 Be 동사인데, 3인칭 단수, 직설법, 능동태, 현재형으로 되어 있다.

다.

그럼에도 불구하고 우리는 왜 하나님 나라를 인식하지도 못하는 채 살아가고 있을까? 그 나라에 들어가려고 왜 애쓰는 것일까? 바로 여기에 있는데 왜 보지 못하는가? 하나님 나라에 있으면서 그 나라의 삶을 누리지 못하는 이유가 무엇일까? 도대체 무엇이 문제인가?

5. 회개하라

하나님 나라에 들어가려면 회개를 해야 한다. 그리고 믿음을 가져야 한다. 믿음에 대해서는 뒤에서 자세히 설명하기로 하고 회개부터 보자. 회개에 대한 의미를 정확히 이해하는 순간 바로 앞에서 한 질문들이 저절로 사라짐을 경험할 것이다. 위의 질문들은 그럴싸하게 보이지만 사실은 한낱 필요 없는 질문들이요, 말도 안 되는 질문들이다. 하지만 에고의 사고체계 속에 사는 사람들에게는 풀 수 없는 심각한 질문이다.

회개하라는 '메타노에오'란 단어로 '과거의 죄를 고치다, 뉘우치다, 후회하다'란 뜻이다. 명사형은 '메타노이아'(회개)다. 메타노에오는 '후에', '나중에'를 뜻하는 '메타'라는 단어와 '생각하다', '숙고하다', '마음으로 알다'라는 뜻의 '노이에오'의 합성어다. 그러므로 회개란 과거의 일을 현재에 알아차리고 후회하며 뉘우치는 것을 말한다.

그렇다면 무엇을 회개하는가? 성경은 이를 한마디로 죄라고 한다. 즉 회개는 죄를 뉘우치는 행위이며, 회개의 결과는 죄 사함이다. 결백한 자가 되는 것이다. 순결한 자가 되는 것이다. 마음이 청결한 자가 되는 것이다. 더 정확히 말하자면 죄 없음의 본래의 자리로 가는 것이며, 그 자리에 있음을 깨달아 아는 것이다.

내가 죄를 회개해서 죄 사함을 받는다면 구원은 의미가 없다. 복음도 필요 없다. 회개는 내가 하는 것이 아니다. 성령에 의해 성령께서 하시는 것이다.[38]

내려놓음

모든 회개는 다 과거에 대한 것들이다. 과거에 한 일, 과거에 가졌던 감정들이 현재에 영향을 미치기 때문에 과거의 괴로움으로부터 벗어나기 위한 행위가 회개다. 모든 회개는 과거를 현재로 가져와 죄 없음으로 만드는 것이다. 회개의 구체적인 행위가 용서다.

---

38) (롬 8:26)이와 같이 성령도 우리의 연약함을 도우시나니 우리는 마땅히 기도할 바를 알지 못하나 오직 성령이 말할 수 없는 탄식으로 우리를 위하여 친히 간구하시느니라 (롬27)마음을 살피시는 이가 성령의 생각을 아시나니 이는 성령이 하나님의 뜻대로 성도를 위하여 간구하심이니라

용서는 내려놓음이다.

왜 회개를 해도 과거의 기억은 사라지지 않는가? 회개는 과거를 지우는 지우개가 아니다. 회개하면 기억은 사라지지 않지만 기억에 대한 아픔이나 감정들은 사라진다. 기억에 대한 자극이 사라지기에 나중에는 기억이 나도 특별한 감정이 떠오르지 않는다. 이쯤되면 그는 과거가 없는 사람처럼 살아가게 된다.

"회개를 해도 용서가 되지 않아요. 언제까지 회개해야 할까요?" 그것은 용서가 될 때까지가 정답이다. 일곱 번을 일흔 번까지라도 용서하라는 주님의 말씀이 그것이다.[39] 이는 어떤 사람이 490번 잘못을 하고 490번 용서를 구하더라도 무조건 용서하라는 뜻이 아니다. 이 말씀은 한 사건에 대해 용서가 될 때까지 용서해 주라는 말씀이다.

평생 회개하고 용서하려 해도 아무리 애써도 용서가 안 되는 사람이 있다. 잊으려 해도 잊히지 않는 사람처럼 말이다. 그리스도의 사랑으로 사랑하려 해도 여전히 미운 사람이 있다. 바울도 이런 안타까운 죄의 습성에 대해 몸부림치며 절규한다.[40] 죄가 자기를

---

39) (마 18:21)그 때에 베드로가 나아와 이르되 주여 형제가 내게 죄를 범하면 몇 번이나 용서하여 주리이까 일곱 번까지 하오리이까 (마22)예수께서 이르시되 네게 이르노니 일곱 번뿐 아니라 일곱 번을 일흔 번까지라도 할지니라

40) (롬 7:14)우리가 율법은 신령한 줄 알거니와 나는 육신에 속하여 죄 아래에 팔렸도다 (롬15)내가 행하는 것을 내가 알지 못하노니 곧 내가 원하는 것은 행하지 아니하고 도리어 미워하는 것을 행함이라 (롬16)만일 내가 원하지 아니하는 그것을 행하면 내가 이로써 율법이 선한 것을 시인하노니 (롬17)이제는 그것을 행하는 자가 내

사로잡은 것처럼 자기의 선한 의지로 용서하려는 것을 방해하는 것이다. 여기서 어떻게 해방될 수 있을까? 바울은 그 문제에 대해 단적으로 선언한다. 그리스도 예수 안에 있는 살아있는 성령께서 하신다.[41]

자 이제 우리는 결론에 거의 다 왔다. 용서나 회개는 우리가 하는 것처럼 보이지만 그것을 완성하시는 분은 성령님이라는 것이다. 우리가 할 일은 그저 자신의 아픔이나 죄를 고백하는 것밖에 없다. 나머지는 성령께서 하신다. 왜 그런가?

아픔이나 분노, 미움 등은 어떻게 생겨나는가? 아픔을 느끼는 나와 아픔을 주는 대상이 존재하기 때문이다. 그것은 둘일 때만 가능하다. 분리된 사고체계 안에서만 가능한 일이지 하나 안에서는 아픔이나 미움이 존재할 수 없다는 것은 앞에서 이미 배웠다.

가 아니요 내 속에 거하는 죄니라 (롬18)내 속 곧 내 육신에 선한 것이 거하지 아니하는 줄을 아노니 원함은 내게 있으나 선을 행하는 것은 없노라 (롬19)내가 원하는 바 선은 행하지 아니하고 도리어 원하지 아니하는바 악을 행하는도다 (롬20)만일 내가 원하지 아니하는 그것을 하면 이를 행하는 자는 내가 아니요 내 속에 거하는 죄니라 (롬21)그러므로 내가 한 법을 깨달았노니 곧 선을 행하기 원하는 나에게 악이 함께 있는 것이로다 (롬22)내 속사람으로는 하나님의 법을 즐거워하되 (롬23)내 지체 속에서 한 다른 법이 내 마음의 법과 싸워 내 지체 속에 있는 죄의 법으로 나를 사로잡는 것을 보는도다 (롬24)오호라 나는 곤고한 사람이로다 이 사망의 몸에서 누가 나를 건져내랴 (롬25)우리 주 예수 그리스도로 말미암아 하나님께 감사하리로다 그런즉 내 자신이 마음으로는 하나님의 법을 육신으로는 죄의 법을 섬기노라
41) (롬 8:1)그러므로 이제 그리스도 예수 안에 있는 자에게는 결코 정죄함이 없나니 (롬2)이는 그리스도 예수 안에 있는 생명의 성령의 법이 죄와 사망의 법에서 너를 해방하였음이라

분리된 세계, 육의 세계에서 하나의 세계, 영원한 하나님 나라로 인도하시는 분이 성령이시다. 분리된 마음에서 비롯된 미움이나 아픔을 가지고는 하나의 세계, 영의 세계로 들어갈 수 없다. 그리고 분리가 실재라고 믿는 사람들은 분리 없는 세계를 이해할 수조차 없기에 자신의 죄나 아픔을 치유할 수도 없다. 그러므로 우리를 영의 세계로 인도하시는 성령님만 이를 하실 수 있다. 우리는 단지 죄의 짐, 아픔과 분노를 성령의 인도하심에 따라 성령님께 고백하는 것만 할 수 있을 뿐이다.

우리가 하는 고백을 다른 말로 하면 내려놓음이다. 그것은 과거의 모든 것을 마음에서 내려놓는 것을 말한다. "아, 그렇군요. 그런데 어디에다 내려놓죠?" 우리는 흔히 십자가 앞에 내려놓으라고 한다. "그런데 마음이 물건이 아닌데 어떻게 내려놓죠?" 여기서 십자가나 마음이나 마음속에 있는 죄나 아픔은 모두 다 형체가 없다. 내려놓을 재간이 없다.

주님께 고백을 통해 드리는 것이다. 일단 내게 아픔을 주는 대상을 먼저 선정한다. 그리고 그에 대해 정직하게 그 대상이나 사건을 주시한다. 시간이 걸리더라도 그렇게 해야 한다. 그런 다음 그것을 주님께 드린다. 이때의 모든 일은 다 생각으로 하는 것이다. 그리고 주님께서 받으시고 용서하셨다는 믿음으로 감사함으로 끝낸다. 이것은 주로 내적 치유에서 사용하는 방법이다.

영성가들은 그런 과정을 거치지 않는다. 일단 회개의 대상이 생각나면 그것을 주시하고 이어 생각 너머로 그것을 보낸다. 그러면 그 대상이 가지고 있는 모든 에너지가 사라짐을 경험하게 된다. 에너지가 사라지면 아픔도 사라진다. 이것이 내려놓음이다. 생각 너머로 보내는 것은 관상기도를 어느 정도 한 사람이라면 그 느낌과 방법을 알 것이다.

죄 사함의 권세

우리는 흔히 하나님만이 죄를 사하실 수 있다고 말한다. 그런데 성경을 자세히 읽어보면 그리스도이신 우리 주님은 죄 사함의 권세가 우리에게 있다고 하신다. 만약에 오직 하나님만이 죄를 사하신다고 그렇게 믿는다면 이는 예수님께 책망 받은 바리새인처럼 되는 것이다.[42]

예수께만 죄를 사하는 권세가 있는 것이 아니다. 주님은 분명하게 말씀하셨다. "너희가 누구의 죄든지 사하면 사하여질 것이요

---

42) (막 2:5)예수께서 그들의 믿음을 보시고 중풍병자에게 이르시되 작은 자야 네 죄 사함을 받았느니라 하시니 (막6)어떤 서기관들이 거기 앉아서 마음에 생각하기를 (막7)이 사람이 어찌 이렇게 말하는가 신성 모독이로다 오직 하나님 한 분 외에는 누가 능히 죄를 사하겠느냐 (막8)그들이 속으로 이렇게 생각하는 줄을 예수께서 곧 중심에 아시고 이르시되 어찌하여 이것을 마음에 생각하느냐 (막9) 중풍병자에게 네 죄 사함을 받았느니라 하는 말과 일어나 네 상을 가지고 걸어가라 하는 말 중에서 어느 것이 쉽겠느냐 (막10)그러나 인자가 땅에서 죄를 사하는 권세가 있는 줄을 너희로 알게 하려 하노라 하시고 중풍병자에게 말씀하시되

누구의 죄든지 그대로 두면 그대로 있으리라 하시니라"(요 20:23)
이와 같은 말씀은 몇 군데 더 나온다.[43]

사실 이 말씀은 어려운 말씀이 아니다. 예수를 믿지 않는 사람들도 서로 용서하지 않는가? 용서를 하면 서로 간의 모든 구속으로부터 벗어난다. 그걸로 끝이다. 물론 세상 사람들은 뒤끝을 운운하기 하지만 어쨌든 사건은 일단 종결된다. 모든 용서는 사람들 사이의 모든 오류를 교정하는 역할을 한다.

신앙인들은 모든 것을 하나님 앞으로 가져간다. 또 그래야만 한다. 하지만 그냥 용서하고 화해하면 될 것을 가지고 울고불고 하나님 앞에 매달릴 필요는 없다. 주님도 누구에게 원한 진 일이 있거든 화해하라고 말씀하신다. 그것이 하나님께 예물을 드리는 것보다 우선이다.[44]

자 그렇다면 왜 용서를 해야 하는가? 용서해야 하는 죄는 또 무엇인가? 간단하게 말해서 죄는 불편한 것이다. 성경에서 죄와 질병, 구원과 치유는 동의어다. 병에 걸리면 불편하듯이 죄 가운데

---

43) (마 6:12)우리가 우리에게 죄 지은 자를 사하여 준 것 같이 우리 죄를 사하여 주시옵고
　　(마 18:18)진실로 너희에게 이르노니 무엇이든지 너희가 땅에서 매면 하늘에서도 매일 것이요 무엇이든지 땅에서 풀면 하늘에서도 풀리리라
44) (마 5:23)그러므로 예물을 제단에 드리려다가 거기서 네 형제에게 원망들을 만한 일이 있는 것이 생각나거든 (마24)예물을 제단 앞에 두고 먼저 가서 형제와 화목하고 그 후에 와서 예물을 드리라 (마 25)너를 고발하는 자와 함께 길에 있을 때에 급히 사화하라 그 고발하는 자가 너를 재판관에게 내어 주고 재판관이 옥리에게 내어 주어 옥에 가둘까 염려하라

살면 불편하다. 병이 낫게 되면 불편함이 사라진다. 불안과 불편한 죄에서 벗어나면 환희와 기쁨이 넘치게 된다. 어느 정도 성령의 감동과 체험이 있는 사람이라면 알 것이다.

우리가 용서를 해야 하는 이유는 모든 불안과 불편함으로부터 자유롭게 되기 때문이다. 그러므로 용서는 구원의 필수조건이 된다. 자 그렇다면 용서에 대해 좀 더 깊이 생각해 보자. 왜 용서할 일이 생기는가? 이 역시 둘이다. 용서해야 할 대상과 용서하는 내가 있다. 손해를 봤다고 생각하는 나, 희생되었다고 생각하는 내가 있다. 대상과 분리된 나는 바로 에고의 나를 말한다. 육으로서의 나다.

용서란 에고를 죽이는 일이다. 내가 손해를 본 것을 탕감해 준다는 것은 에고로서는 상상할 수 없는 일이다. 용서는 에고의 사고체계 안에는 없는 단어다. 에고는 손해 본만큼 보상을 받아야 한다. 아니 그보다 더 많이 받아도 시원치 않다. 그런데 무조건 용서한다는 것은 보상을 거부한다는 말이기에 에고로서는 도저히 이해할 수도 용납할 수도 없다.

우리는 용서를 통해 나를 죽이는 것이다. "나는 날마다 죽노라."[45]라는 것은 나의 에고, 나의 육성을 그때그때마다 죽이는 것이다. 나를 죽이는 좋은 길이 바로 용서다. 온전한 용서를 이루면 마음에 평화가 임한다.

---

45) (고전 15:31)형제들아 내가 그리스도 예수 우리 주 안에서 가진 바 너희에 대한 나의 자랑을 두고 단언하노니 나는 날마다 죽노라

용서는 하나다

참된 용서가 이루어지고 나면 둘 사이에 죄가 사라졌으므로 이제 하나가 된 것이다. 둘 사이에 불편함이 사라졌으니 평화만이 있다. 하나님과 우리 사이도 마찬가지다. 하나님의 용서하심으로 우리와 하나님 사이를 가로막은 죄가 없어졌으니 우리와 하나님 사이에 평화만이 있다.[46] 하나님과 하나가 된 것이다.

용서가 하나 되게 한다는 것은 용서하는 것과 용서받는 것은 같다는 말이다. 용서함과 용서받음은 하나다. 일방적인 용서란 사실 존재하지도 존재 할 수도 없다. 에고의 세계에서만 가능한 일이다. 복수는 에고의 사고체계에서 나오지만 용서는 성령의 사고체계에서 나온다. 그러므로 진정한 용서는 용서될 때까지 하는 것이요, 성령 안에서 이루어지는 것이다. 성령 안에서 이루어지는 진정한 용서는 용서하는 자와 용서받은 자를 하나 되게 한다.

온전한 용서가 되면 평화가 임한다. 그러므로 용서하는 자가 평화를 가져온다. 화평하게 하는 자는 복이 있다. 그들을 사람들이 하나님의 아들이라 부른다.[47] 하나님의 아들이 된다. 하나님의 아

---

46) (롬 5:1)그러므로 우리가 믿음으로 의롭다 하심을 받았으니 우리 주 예수 그리스도로 말미암아 하나님과 화평을 누리자 … (롬10)곧 우리가 원수 되었을 때에 그의 아들의 죽으심으로 말미암아 하나님과 화목하게 되었은즉 화목하게 된 자로서는 더욱 그의 살아나심으로 말미암아 구원을 받을 것이니라

들은 모두 하나다. 평화를 원하는가? 용서하라. 하나님의 아들이
되기를 원하는가? 용서하라.

속죄소

속죄소는 1년에 단 한 번인 대속죄일에 대제사장이 지성소에 들
어가 자기의 죄를 위해, 이스라엘의 죄를 위해 속죄하는 장소를
말한다.[48] 여기서 속죄소를 말하는 것은 유대인들의 속죄 의식이
나 속죄 개념을 말하려는 것이 아니다. 더욱이 히브리서처럼 대속
론적 입장에서 속죄소를 말하려는 것도 아니다.[49] 단지 속죄소를
통해 하나님 나라에 들어간다는 것을 말하려는 것이다.

회개는 속죄소에서 이루어진다. 그곳에는 하나님의 임재가 있다.
1년에 한 번 대제사장만 들어가는 곳이 아니라, 자신의 죄를 통회
하고 고백하는 자는 누구나 언제든지 들어가는 곳이다. 속죄소는
육의 세계와 영의 세계, 하나님 나라와 세상, 에고와 참나/그리스
도 사이에 있다. 두 세계를 가르는 지점으로 육과 영이, 인간과 하

---

47) (마 5:9)화평하게 하는 자는 복이 있나니 그들이 하나님의 아들이
   라 일컬음을 받을 것임이요
48) (레 16:2)여호와께서 모세에게 이르시되 네 형 아론에게 이르라
   성소의 휘장 안 법궤 위 속죄소 앞에 아무 때나 들어오지 말라 그
   리하여 죽지 않도록 하라 이는 내가 구름 가운데에서 속죄소 위에
   나타남이니라 참고, 출25:17-22, 37:6-9.
49) 속죄소에 대한 대속론적 해석은 히 9:1-12를 보라.

나님이 만나는 곳이다.

"회개하라 하나님 나라가 바로 네 앞에 있느니라."는 말씀은 회개를 통해 하나님 나라에 들어가게 된다는 말씀이다. 왜 하나님 나라에 들어가기 위해 "죄 짓지 마라, 거짓말하지 마라, 계명을 지켜라."는 등등의 말씀은 없고 단지 회개만을 말씀하시는가?

앞에서 회개는 에고를 죽이는 것이라고 했다. 또한 회개는 에고의 사고체계를 버리는 것이다. 모든 것을 둘로 보기에 죄가 그대로 있다.50) 대상으로 보기에 서로 비교하니 갈등이 있기 마련이다. 너와 나, 보는 자와 보이는 대상 사이에 존재하는 시간과 공간만큼이 모두 죄다. 육의 세계에서는 의인은 없고 모두 죄인이다.51) 죄 가운데 있는 육의 세계 자체를 떠나 영의 세계로, 하나님의 세계로 들어가는 것이 바로 회개다. 그것이 이루어지는 곳이 바로 속죄소다.

진정한 회개란 구체적인 행위를 놓고 잘잘못을 뉘우치는 것이 아니다. 내가 왜 그런 일을 하였는가? 왜 내가 그런 말을 했는가? 내가 왜 그런 마음이나 생각을 가지는가? 대체 왜 그 사람이 미운 것일까? 왜 내가 그때 참지 못했을까? 이런 질문들을 통해 그러한 행동이나 마음, 생각들의 근원으로 들어가서 그 근원을 밝혀내고 그 근원을 속죄소로 가지고 나가는 것이 진정한 회개다.

인간의 모든 행위와 그 행위를 가능케 하는 생각과 마음의 흐름

---

50) (요 9:41)예수께서 이르시되 너희가 맹인이 되었더라면 죄가 없으려니와 본다고 하니 너희 죄가 그대로 있느니라
51) (롬 3:10)기록된바 의인은 없나니 하나도 없으며

들의 근원에는 항상 에고가 자리 잡고 있다. 행위를 가지고 속죄소로 가는 것이 아니라, 행위의 근원인 에고를 가지고 속죄소로 가는 것이다. 거기서 죄 사함이 이루어진다. 그러므로 죄 사함이란 에고의 소멸, 에고의 종말, 에고의 죽음을 뜻한다.

속죄소에서 우리는 죄의 세계를 지배하는 에고의 사고체계를 내려놓는다. 거기서 에고의 사라짐을 본다. 속죄소에서 우리의 사고체계의 대전환이 일어나며, 세계 자체가 변한다. 죄 없음의 세계에 있음을, 본래의 자리에 있음을 깨닫게 된다.

우리는 왜 하나님 나라를 인식하지도 못하는 채 살아가고 있을까? 그 나라에 들어가려고 왜 애쓰는 것일까? 바로 여기에 있는데 왜 보지 못하는가? 하나님 나라 안에 있으면서 왜 그 나라의 삶을 살지 못하는 이유가 무엇일까? 도대체 무엇이 문제인가? 이 질문에 대한 답은 아직 우리가 속죄소를 통과하지 못했기 때문이다. 에고가 살아있기 때문이다.

6. 복음(유앙겔리온)

복음은 등대에서 비추는 빛이다. 캄캄한 바다는 이 세상이요, 안전한 항구는 하나님 나라다. 항구 근처에 있는 이름 없는 작은 갯바위 위에 있는 등대는 지나가는 배들이 암초에 걸리지 않고 안전한 항로를 따라 항구로 무사하게 귀환하도록 인도한다. 캄캄한 밤에 등대의 빛은 생명의 빛이다. 하지만 등대는 비추기만 할 뿐 대신 배를 운전해주지 않는다.

복음의 역할은 어둠 속에 사는 사람들에게 안전한 주님의 나라로 들어오라는 빛 비춤이다. 그 빛을 따라가면 우리는 약속의 땅에 도달하게 된다. 빛을 따라가면서 우리가 해야 할 일은 단지 그 빛이 우리를 생명으로 인도하고, 하나님 나라에 들어가도록 한다고 믿는 온전한 믿음이다. 그리고 그 믿음을 바탕으로 회개, 즉 나를 내려놓는 일을 하기만 하면 된다.

내 지식과 경험을 총동원하여 이리고 가야 살 수 있다는 생각과 신념을 버리는 것이다. 그저 성령께 모든 것을 맡기고 그의 음성에 따라, 그의 빛에 따라 사는 것이다. 그렇게 가다보면 어느덧 에고가 사라지는 단계에 이르게 되고 속죄소를 지나 그토록 열망하던 하나님 나라에 내가 이미 있었음을 깨닫게 될 것이다.

복음의 길을 인도하시는 분이 성령이시다. 우리는 성령에 대해 무지하기도 하지만 성령께서 얼마나 친절하신지도 모른다. 성령은 진리의 영으로 우리와 함께, 우리 안에 거하신다.[52] 진리의 영인

---

52) (요 14:16)내가 아버지께 구하겠으니 그가 또 다른 보혜사를 너희에게 주사 영원토록 너희와 함께 있게 하리니 (요17)그는 진리의 영이라 세상은 능히 그를 받지 못하나니 이는 그를 보지도 못하고 알지도 못함이라 그러나 너희는 그를 아나니 그는 너희와 함께 거하심이요 또 너희 속에 계시겠음이라
(요 15:26)내가 아버지께로부터 너희에게 보낼 보혜사 곧 아버지께로부터 나오시는 진리의 성령이 오실 때에 그가 나를 증언하실 것이요 (요27)너희도 처음부터 나와 함께 있었으므로 증언하느니라

성령은 하나님으로부터 나왔기에 하나님이시다. 또한 우리와 함께 하신다.

이 말을 인간적인 언어로 표현하자면 성령은 하나님도 알고 인간도 안다는 말이다. 즉 성령은 하나님을 알기에 인간에게 하나님의 마음을 전달해 주시는 분이다. 또한 인간을 잘 알기에 인간들을 하나님께로 인도하는 길을 잘 아신다.[53]

성령은 하나님이시기에 모두를 알며, 또한 인간 하나하나를 아신다. 성령의 방법은 마치 맞춤형 개인교습과 같다. 각 사람의 사정에 따라, 믿음의 수준에 따라 가장 정확한 답을 주신다.

성령은 우리에게 요구하지 않으신다. 만약에 무엇이든 요구하시는 것이 있다면 성령께서는 부족한 것이 있다는 말이 된다. 완전한 성령이 아니다. 그래서 성령은 주는 것밖에 모르신다. 단지 기다리시는 것뿐이다. 이와 같은 것을 주께서 말씀하신 이른바 '탕자의 비유'에서 볼 수 있다.[54]

---

[53] (요 16:7)그러나 내가 너희에게 실상을 말하노니 내가 떠나가는 것이 너희에게 유익이라 내가 떠나가지 아니하면 보혜사가 너희에게로 오시지 아니할 것이요 가면 내가 그를 너희에게로 보내리니 …(요12)내가 아직도 너희에게 이를 것이 많으나 지금은 너희가 감당하지 못하리라 (요13)그러나 진리의 성령이 오시면 그가 너희를 모든 진리 가운데로 인도하시리니 그가 스스로 말하지 않고 오직 들은 것을 말하며 장래 일을 너희에게 알리시리라

[54] 누가복음 15:11-24를 보세요.
(눅 15:20)이에 일어나서 아버지께로 돌아가니라 아직도 거리가 먼데 아버지가 그를 보고 측은히 여겨 달려가 목을 안고 입을 맞추니 (눅21)아들이 이르되 아버지 내가 하늘과 아버지께 죄를 지었사오니 지금부터는 아버지의 아들이라 일컬음을 감당하지 못하겠나이다 하나 (눅22)아버지는 종들에게 이르되 제일 좋은 옷을 내어

집을 떠난 아들을 기다리는 아버지, 사람을 보내 아들에게 돌아오라고 할 수도 있을 법한데 마냥 기다리기만 한다. 사람을 보내 아들의 근황을 살펴보고 오라고 할 수도 있는데 여전히 기다리기만 한다. 등대는 비추기만 할 뿐 배를 대신 운전하지 않는 것과 같다.

아들이 돌아오자 아들을 끌어안고 입을 맞추며, 처음부터 아들이었던 것처럼 똑같이 그저 아들로 대한다. 아버지에게 아들은 변한 것이 없다. 아들은 잠시 세상에서 방황했다가 돌아온 것일 뿐이다.

우리는 복음을 통하여 탕자처럼 다시 아버지에게로 돌아간다. 지금 있는 이곳, 육의 세계, 에고의 세상에서 돌이키기만 하면 된다.[55] 이 돌이킴이 회개다. 그리고 그곳을 떠나야 한다. 떠나지 않으면 아무리 뉘우쳤다 하더라도 여전히 그 자리다. 그것이 내려놓음이다. 죄의 짐, 에고를 내려놓지 않으면 여전히 에고의 세상에 머물러 있는 것이다.

성령의 친절한 인도하심을 믿고 복음의 빛을 따라 회개함으로 속죄소를 지나 하나님 나라에 들어가는 것이다. 그곳은 바로 내

다가 입히고 손에 가락지를 끼우고 발에 신을 신기라 (눅23)그리고 살진 송아지를 끌어다가 잡으라 우리가 먹고 즐기자 (눅24)이 내 아들은 죽었다가 다시 살아났으며 내가 잃었다가 다시 얻었노라 하니 그들이 즐거워하더라

55) (눅 15:18)내가 일어나 아버지께 가서 이르기를 아버지 내가 하늘과 아버지께 죄를 지었사오니 (눅19)지금부터는 아버지의 아들이라 일컬음을 감당하지 못하겠나이다 나를 품꾼의 하나로 보소서 하리라 하고

앞에 있다. 내가 그 나라다. 그러므로 우리는 모두 하나님 나라에 이미 있다. 그것을 깨닫는 것이 구원이다.

7. 믿음(피스튜오)

신앙인이라면 누구나 믿는다고 고백하는데 막상 믿음이 뭐냐고 묻는다면 대답이 궁색해지는 것이 믿음이다. 게다가 "믿음이냐? 행위냐?" 이런 소모적인 질문이라도 들어오면 믿음과 행위 어느 한쪽을 선택하는 어처구니없는 결과를 가져온다.

"믿음이냐? 행위냐?" 이러한 질문은 영성가들에게는 일고의 가치도 없다. 하나를 추구하는 영성에는 선택이란 말이 없기 때문이다. 믿음과 행위는 둘이 아니다. 믿음은 일종의 신념체계이므로 모든 행동이 바로 이 믿음의 신념체계에서 나온다. 믿음의 표현이 행위로 나타나는 것이지 서로 대립 되는 것은 아니다.[56] 믿음이 바로 나요, 그렇게 믿음에 따라 행동하는 그 행동이 바로 나다.

바울이 율법의 행위로 의롭다하심(구원)을 얻는 것이 아니라, 오

---

56) (약 1:22)너희는 말씀을 행하는 자가 되고 듣기만 하여 자신을 속이는 자가 되지 말라
　　(약 2:17)이와 같이 행함이 없는 믿음은 그 자체가 죽은 것이라
　　(약18)어떤 사람은 말하기를 너는 믿음이 있고 나는 행함이 있으니 행함이 없는 네 믿음을 내게 보이라 나는 행함으로 내 믿음을 네게 보이리라 하리라

직 믿음으로 구원받는다고 했다.[57] 이때 믿음은 행위의 반대말이 아니다. 양자택일의 문제가 아니다. 인간의 지식이나 사고, 구원을 받기 위한 그 어떠한 노력으로도 구원에 이를 수 없다는 말이다. 오직 믿음으로만 구원에 이를 수 있다는 것이다.

왜 오직 믿음으로만 하나님 나라에 들어갈 수 있다고 하는가? 다른 각도에서 보자. 영은 인간의 오감으로 인식될 수 없다. 어떻게 인간이 시공간이 없는 영을 볼 수 있단 말인가? 그것은 아예 불가능하다. 영의 세계인 하나님 나라를 들어가려면 인간의 인식체계나 사고체계로 헤아려서는 갈 수 없다. 그것은 속죄소에 다 내려놓아야 한다.

그렇다면 볼 수도 없고, 인식할 수도 없고, 사고체계로 생각이나 상상조차 하지 못하는 그 나라를 어떻게 갈 수 있는가? 하나님만이 하실 수 있다.[58] 인간의 그 어떤 것으로는 절대로 안 되고 오직 하나님만이 하실 수 있다는 믿음, 바로 그 믿음이 있어야 한다. 아니 그것밖에 없다. 오직 믿음이다. 내가 해야 할 아무것도 없다.

하지만 믿음이 곧 구원이라는 말은 아니다. 믿음은 마치 뗏목과 같다. 우리가 뗏목을 타고 강을 건너는 것과 같이 믿음 위에 있지

---

57) (갈 2:16)사람이 의롭게 되는 것은 율법의 행위로 말미암음이 아니요 오직 예수 그리스도를 믿음으로 말미암는 줄 알므로 우리도 그리스도 예수를 믿나니 이는 우리가 율법의 행위로써가 아니고 그리스도를 믿음으로써 의롭다 함을 얻으려 함이라 율법의 행위로써는 의롭다 함을 얻을 육체가 없느니라

58) (마 19:25)제자들이 듣고 몹시 놀라 이르되 그렇다면 누가 구원을 얻을 수 있으리이까 (마26)예수께서 그들을 보시며 이르시되 사람으로는 할 수 없으나 하나님으로서는 다 하실 수 있느니라

않고는 절대로 구원의 강을 건널 수 없다. 이미 구원받은 자에게는 믿음이란 필요 없다. 하나 안에는 믿음의 대상도 없으며, 믿는 자도 없다. 물 안에 있는 자가 어찌 물을 찾으리오.

믿음과 응답

나는 믿음을 한마음이라고 부른다. 믿음은 한마음이다. 두 마음은 믿음이 아니다. 두 마음은 의심이다. 의심을 뜻하는 헬라어 단어는 '디아크리노'다. 디아크리노는 '철저히 분리하다'는 뜻이다.[59]

분리된 마음이 의심이다. 그러므로 에고는 믿음을 가질 수 없다. 모든 것을 분리해서 대상으로 보는 에고가 한마음을 어찌 이해할 수 있겠는가? 그러므로 믿음은 나에게서 나오는 것이 아니라, 하나님의 선물이요, 은혜일 수밖에 없다.

신앙생활을 하는 신자들이 가장 당혹스러울 때가 믿고 기도했는데 응답이 없을 때다. 그럴 때 사람들은 "무응답도 응답이다.", "응답 될 때까지 기도하라.", "내게 더 좋은 것을 주시려고 응답하지 않으신다.", "이미 응답받았으니 참고 기다려라." 등등 기도가

---

59) (약 1:6)오직 믿음으로 구하고 조금도 의심하지 말라 의심하는 자는 마치 바람에 밀려 요동하는 바다 물결 같으니 (약7)이런 사람은 무엇이든지 주께 얻기를 생각하지 말라 (약8)두 마음을 품어 모든 일에 정함이 없는 자로다

이루어지지 않는 것에 대해 여러 가지 해석을 내놓는다. 거기에 그럴듯한 성경 구절 하나를 덧붙이기도 한다.

정말 그런 것일까? "내 이름으로 무엇이든지 구하라. 그러면 이루리라."60)는 약속의 말씀은 또 무엇인가? 귀에 걸면 귀걸이고 코에 걸면 코걸이인가? 믿음은 때에 따라 귀걸이도 되고 코걸이도 되는 것인가? 예수께서는 열두 해 동안 혈루증 걸린 여인에게 "네 믿음이 너를 구원하였으니 평안히 가라. 네 병에서 놓여 건강할지어다."61)라고 하시며 병을 고쳐주시지 않았는가? "믿음이 겨자씨 한 알만큼만 있어도 못할 것이 없다."62)고 하시지 않았는가?

무엇이 문제인가? 믿음이 한마음이라는 것을 명심해라. 야고보서에서는 이렇게 말한다.

"오직 믿음으로 구하고 조금도 의심하지 말라. 의심하는 자는 마치 바람에 밀려 요동하는 바다 물결 같으니 이런 사람은 무엇이든지 주께 얻기를 생각하지 말라. 두 마음을 품어 모든 일에 정함이 없는 자로다."(약 1:6-8)

---

60) (요 14:14)내 이름으로 무엇이든지 내게 구하면 내가 행하리라
   (요 16:24)지금까지는 너희가 내 이름으로 아무것도 구하지 아니하였으나 구하라 그리하면 받으리니 너희 기쁨이 충만하리라
61) (막 5:34)예수께서 이르시되 딸아 네 믿음이 너를 구원하였으니 평안히 가라 네 병에서 놓여 건강할지어다
62) (마 17:20)이르시되 너희 믿음이 작은 까닭이니라 진실로 너희에게 이르노니 만일 너희에게 믿음이 겨자씨 한 알 만큼만 있어도 이 산을 명하여 여기서 저기로 옮겨지라 하면 옮겨질 것이요 또 너희가 못할 것이 없으리라

의심하는 마음에서 나온 믿음은 무엇을 구하든지 응답받지 못한다. 마음이 둘이기 때문이다. 이것이 좋은지, 저것이 좋은지 결정하지 못했기 때문이다. 정함이 없다는 말을 현대인의 성경에서는 "갈피를 못 잡고 흔들리는 사람"이라고 풀어 번역을 했다.

기도에 응답받고자 하는가? 그렇다면 믿음으로 기도하라. 이때의 믿음은 단 하나의 마음이다. 한마음이 현실이 될 때 우리는 응답받았다고 말한다.

제2부, 영성에서 의식에 대해 자세히 말하겠지만 대략 말하자면 이런 원리다. 인간을 비롯한 온 우주는 의식의 장으로 되어 있다. 이 의식은 모든 것을 기록하고, 모든 에너지를 포함하고 있다. 의식 에너지는 환원불가능하며, 비선형적이고, 비이원적 성질을 가지고 있다. 모든 것은 의식에서 나오고 의식으로 되돌아간다. 말하자면 의식밖에 없다. 의식 너머에 참나가 있으며, 참나의 빛 비춤으로 의식은 존재한다. 의식은 참나의 빛이라고 할 수 있다.

유유상종이란 말은 의식의 속성이다. 의식 에너지는 유사한 것들을 서로 끌어당김으로 작용한다. 이른바 끌개장 이론이다. 마음이 하나로 결정되면 그 마음을 중심으로 에너지들이 모여든다. 모여든 에너지는 잠재태의 상태이지만 일정한 조건과 상황이 갖춰지면 어느 순간 현실태가 된다.

보이는 모든 것은 보이지 않는 것으로 말미암은 것이다. 나타나지 않은 것이 조건에 따라 나타난 것이 된다. 나타난 것은 그 어떤 원인에 의해 나타난 것이 아니라 믿음과 한마음으로 인해 자연적으로 발생한다.

63빌딩을 예를 들어 보자. 눈앞에 보이는 이 빌딩은 어떻게 거기 있는가? 건축하는 사람들이 만든 것이다. 하지만 그들이 임의로 그렇게 짓지는 않았다. 설계도대로 지은 것이다. 그렇다면 설계도는 어디서 났는가? 그것은 설계사가 만든 것이다.

설계사는 자신의 머릿속에 먼저 그림을 그리고 그것을 각종 도구를 사용하여 설계도를 만들었다. 만약에 설계사가 어떤 식으로 설계를 할지 결정하지 못하면 설계도는 나올 수 없다. 그러면 건물도 지을 수 없다. 설계도는 여러 생각들 중에 결정된 한 생각이다. 건물이 먼저가 아니라 하나로 결정된 생각이 먼저다. 그 생각은 어디서 왔는가? 그것은 의식에서 나온 것이다.

온 우주도 마찬가지다. 언제인지 인간의 시간으로는 측량할 수 없는 한 처음이 있었다. 그때 의식 안에서 무언가가 꿈틀거리기 시작했다. 그것이 하나로 모아지고 어느 순간에 현실이 되었다. 이른바 창조다. 하나님의 창조 의식이 지금의 우주를 한 순간에 만들었다. 이 창조 원리는 의식의 원리이므로 시공간을 초월해 언제든지 존재하며 사용 가능하다.

이제 야고보서에서 왜 두 마음을 가진 자는 응답받지 못한다고 했는지 알겠는가? 왜 예수께서 겨자씨 한 알만큼의 믿음만 있어도 못할 것이 없다고 하셨는지 그 이유를 알 것이다. 우주의식은 믿음의 원리로 움직인다. 두 마음이 아니라, 하나로 모아진 한마음, 믿음으로 모든 것이 창조된다. 비선형적인 의식의 속성 때문에 시간과 공간을 초월한다. 그러므로 언제든지 가능하다.

의심과 한마음

믿음은 어디서 오는가? 믿음이 에고로부터 온다면 그것은 믿음
이 아니라, 신념체계일 뿐이다. 한밤중에 아침이 되면 해가 뜰 것
을 믿는다면 그것은 경험의 축적에서 오는 추정일 뿐이다. 인간의
경험으로는 하나님을 믿을 수 없다. 다시 말해 인간의 오감이나
그로 인한 인식을 바탕으로 생겨난 믿음은 우리를 하나님 나라로
이끄는 믿음이 아니다.

인간의 오감으로 인지되는 것은 믿음의 대상이 될 수 없다.[63]
우주 안에 있는 모든 만물들 중에 우리를 구원할 수 있는 것은 없
다. 그러므로 보이는 신은 우상이다.[64] 그렇다면 우리가 보이지도
않고 지각되지도 않으며 인식할 수도 없는 하나님을 어떻게 믿을
수 있을까?

하나님을 믿는 믿음은 본래 우리 가운데 있다.[65] 인간은 하나님

---

63) (롬 8:24)우리가 소망으로 구원을 얻었으매 보이는 소망이 소망이
    아니니 보는 것을 누가 바라리요 (롬25)만일 우리가 보지 못하는
    것을 바라면 참음으로 기다릴지니라
64) (레 26:1)너희는 자기를 위하여 우상을 만들지 말지니 조각한 것
    이나 주상을 세우지 말며 너희 땅에 조각한 석상을 세우고 그에게
    경배하지 말라 나는 너희의 하나님 여호와임이니라
65) (롬 1:19)이는 하나님을 알 만한 것이 그들 속에 보임이라 하나님

의 영으로 창조되었기에 그 영을 아는 것이 누구에게나 있다.[66] 사람은 누구든지 자신이 어느 종교에서 신앙생활을 하지 않더라도 하나님이 계시다는 것을 부정하지 못한다. 하나님은 하나이시기에 어디든지 없는 곳이 없다. 누구든지 그 안에 하나님이 계시거늘 어찌 하나님을 부정할 수 있겠는가? 믿음은 본래 누구나 다 있다.

하지만 왜 우리가 진실한 하나의 믿음을 갖질 못하는가? 왜 풍랑이 불면 이리저리 흔들리는 조각배처럼 삶의 굴곡 앞에 믿음이 흔들리는가? 조건이 좋으면 믿음 흔들리지 않지만 조건이 불리해지면 믿음도 흔들리는가? 이를 조건적인 신앙이라고 규정짓는 것으로 논의를 끝내서는 안 된다. 우리는 보다 본질적인 것을 살펴보아야 한다.

조건에 따라 믿음이 달라지는 것은 그 믿음이 에고의 사고체계에 따라 움직이기 때문이다. 에고는 자신에게 유리한 쪽만 선호한다. 불리한 것은 원수라고 여긴다. 에고에 따라 하나님을 믿는 사람들은 절망적인 상황이 되면 하나님 탓을 한다. 자신에게 도움을 주지 못하는 하나님을 원망한다. 자신의 상황을 유리하게 만들려고 금식이다, 철야다 하며 하나님을 협박하려 든다. 물론 이런 식으로 신앙생활을 하더라도 친절하신 성령님은 우리를 인도하신다.

께서 이를 그들에게 보이셨느니라
66) (창 1:27)하나님이 자기 형상 곧 하나님의 형상대로 사람을 창조하시되 남자와 여자를 창조하시고
　(창 2:7)여호와 하나님이 땅의 흙으로 사람을 지으시고 생기를 그 코에 불어넣으시니 사람이 생령이 되니라

믿음이 흔들리는 상황이 올 때, 우리는 한 번 더 생각해 봐야한다. 왜 이런 상황이 왔을까? 하나님이 계시다면 왜 이런 일이 나에게 생겨나는 것일까? 이것을 의심이라 불러도 좋다. 어차피 상황과 하나님을 분리해서 생각하는 것이니 이미 두 마음이 된 것이다. 깊이 생각할수록 좋다. 그러나 답은 물론 없다.

하나님께 묻든, 성령님께 간구하든, 아니면 스스로에게 묻든 상관이 없다. 깊이, 더 깊이, 문제를 끌고 들어갈 수 있는 데까지 끝까지 가라. 포기하지 마라. 꽉 물고 놓지 마라.

그러면 나중에 질문은 사라지고 하나의 커다란 의심덩어리만 남을 것이다. 이 의심덩어리는 생각 너머에 있다. 비로소 의심이 명상이 된 것이다. 결국에는 의심덩어리가 터지는 순간이 오는데 이것이 의심을 뚫고 나오는 참된 믿음이다.

이 믿음은 흔들리지 않는다. 의심이라고 하는 두 마음이 사라졌기에 한마음이다. 하나 안에는 의심이란 없다. 그리고 이 믿음은 한마음 안에서 사라진다. 이때의 한마음은 에고/마음은 물론 아니다. 바로 참나/마음이다.

제Ⅱ부 영성

어느 날 순자가 와서 말했다.
"진리가 코앞에 있대."

"순자야, 너 귀신 씨나락 까먹는 소리 들어봤니?"

"아니? 넌 들어봤어?"

"응."

"언제?"

"지금"

제1부에서 우리는 복음에 대해 살펴봤다. 복음은 하나님 나라에로의 초대의 소식이다. 이는 영의 세계로의 초대요, 따라서 영성의 세계로의 초대다. 이제부터는 영성이 무엇인지를 말할 차례다. 이를 통해 기독교 영성이 주님께서 말씀하신 하나님 나라임을 확인하게 될 것이다.

영성은 인간의 언어로 정의할 수 있는 것이 아니다. 영은 인간의 지각 너머에 있다. 지각할 수도 없고 인식할 수도 없는 것을 어떻게 인간의 언어로 정의할 수 있단 말인가? 다만 영은 계시를 통해 자신을 드러내기에 그것을 체험한 사람이나 그 세계에 사는 사람만이 영성에 대해 묘사하거나 다른 사람들에게 설명해 줄 수 있을 뿐이다.

그렇다고 영성을 알 수 없는 것이라고 포기해서도 안 된다. 우리가 육의 세계를 벗어나 영의 세계로 가기 위해서는 영성에 대해 알고 이해하여야만 한다.[1] 하나님, 진리, 영성, 그리스도에 대한 지식은 일시적인 것이다.[2] 영성의 목표인 하나님과 합일을 이루면

---

1) (요 17:3)영생은 곧 유일하신 참 하나님과 그가 보내신 자 예수 그리스도를 아는 것이니이다
(빌 3:8)또한 모든 것을 해로 여김은 내 주 그리스도 예수를 아는 지식(그노시스)이 가장 고상하기 때문이라 내가 그를 위하여 모든 것을 잃어버리고 배설물로 여김은 그리스도를 얻고
(호 6:3)그러므로 우리가 여호와를 알자 힘써 여호와를 알자 그의 나타나심은 새벽 빛 같이 어김없나니 비와 같이, 땅을 적시는 늦은 비와 같이 우리에게 임하시리라 하니라
2) (고전 13:8)사랑은 언제까지나 떨어지지 아니하되 예언도 폐하고

이와 같은 것들은 소용없게 된다. 하나 안에서는 질문이나 해답도, 그에 대한 지식도, 그것을 추구하는 힘이 되는 믿음도 필요 없다. 지식이나 믿음은 하나로 가기 위한 도구일 뿐이다.

영성은 증명되어지는 것이 아니기에 영성에 대해 알고 이해하기 위해서는 필연적으로 믿음이 필요하다. 믿음 없이는 한 발짝도 나갈 수 없다. 영성은 질문에서 출발하지만 그 질문에 대한 그리스도 예수의 가르침이나 성인들, 앞서 간 스승들의 말씀들을 믿음으로 받아들여야 한다. 이럴 때 어느 순간 질문과 하나 되어 깨달음을 얻게 되고 깨달은 후에는 질문도 사라지고 깨달음도 사라지게 된다.

기독교에서 말하는 영성과 사회에서 통념적으로 말하는 영성은 당연히 구별해야 한다. 일반 사회적 용어로서의 영성은 인간의 지각으로 경험되어지는 물질적인 것을 넘어선 그 어떤 정신적인 것이나 영적인 것들을 영성이라고 부른다. 그리하여 기업경영에 영성을 도입한다든지, 시대마다, 또는 시대를 초월한 열풍과 같은 어떤 사회적 현상도 영성이라고 부른다. 이른바 사회적 영성이다.

어떤 정신적, 윤리적 흐름 등에도 영성이란 말을 쓴다. 기타 다른 종교를 말할 때도 영성이란 말을 쓴다. 그리하여 불교 영성, 이슬람 영성, 힌두교 영성 등의 용어가 그것이다. 사실 이 영성이란 말은 처음부터 기독교 용어가 아니다. 성경에 나오지도 않는다. 이

방언도 그치고 지식도 폐하리라 (고9)우리는 부분적으로 알고 부분적으로 예언하니 (고10)온전한 것이 올 때에는 부분적으로 하던 것이 폐하리라

것은 사회학, 문화학적인 용어이다. 다시 말해 물성物性에 반대되는 개념이 이른바 영성이다.

기독교에서 영성이란 말을 도입하여 사용하지만 기독교 영성이라고 할 때에는 사회적, 윤리적인 흐름 등과 같은 의미의 영성과는 다르다. 물성의 반대 개념도 아니다.

기독교 영성은 인간이 오감으로 지각하고 인식하는 모든 물질세계와 그에 따른 정신화작용, 종교 체험 등을 제외한다. 하나 안에서는 체험하는 대상도 없고 체험하는 자도 없다. 그러기에 아무리 신비한 체험이라 할지라도 그것은 일시적인 것이다. 단지 영성의 과정에서 나타나는 이정표는 될지언정 영성의 목표가 될 수 없다.

기독교 영성은 인간의 지각으로 인식되는 우주의 삼라만상과 그 세계에 대한 정신화작용, 종교적이든 그 무엇이 되었든지 간에 발생하는 각종 체험들을 포함하는 세계를 육의 세계, 세상, 땅, 에고의 세계 등으로 부른다.

이를 제외한 세계, 즉 그 너머에 있어서 인간의 오감이나 정신으로 도저히 도달할 수 없는 세계, 정의 할 수 없는 세계, 시간과 공간 너머에 있는 세계를 영의 세계, 하나님 나라, 하늘, 참나/그리스도 등으로 부른다. 기독교 영성은 이 육의 세계를 떠나 영의 세계, 하나님 나라로 들어가는 것, 하나님과 하나 되는 것(합일), 참나/그리스도가 되는 것을 목표로 한다.

1. 대전제

여기서 대전제라는 말을 쓴 것은 영성에 대해 모두가 공감하는 내용으로부터 영성을 설명하고자 함이다. 영성은 여러 가지 말로 표현하지만 결국 하나님에 대한 이야기다.

영성의 세계는 하나님밖에 없다. 하나임Oneness의 세계이기 때문이다. 따라서 하나만 알면 다 안다는 말은 하나님만 알면 다 안다는 말과 동의어다. 그러므로 성경이 증언하고 모두가 신앙의 지표로 삼는 하나님에 대한 이야기로부터 시작해 보자. 영성에 대한 중요한 개념들이 거의 다 나올 것이다.

1) 하나님은 한 분이시다3)

예수께서 대답하시되 첫째는 이것이니 이스라엘아 들으라. 주 곧 우리 하나님은 유일한 주시라.(막 12:29)

하나님에 대한 명칭들이 여럿 있다. 대표적으로 히브리어로는

---

3) (신 6:4)이스라엘아 들으라 우리 하나님 여호와는 오직 유일한 여호와이시니
   (갈 3:20)그 중보자는 한 편만 위한 자가 아니나 하나님은 한 분이시니라

‘엘’, 또는 ‘엘로힘’이라고 한다. 이는 그저 신을 가리키는 단어다. 헬라어도 마찬가지다. 헬라어는 ‘세우스’인데 이 역시 신이라는 말이다. 이것을 보면 우리나라 말이 하나님에 대한 명칭으로는 가장 뛰어나다고 할 수 있다. 우리는 하나님인데 이는 하나를 높인 말이다. 하나님은 오직 한 분이시라는 고백이 담긴 명칭이다.

하나님은 원래 이름이 없다.4) 하나는 이름을 불러줄 대상이 없기에 이름이 있을 수 없다. 인간들은 자신과 대상을 구별하기에 대상으로서의 그 무엇의 이름을 신, 세오스, 여호와, 하나님 등으로 부르는 것이다.

하나님은 하나이시다. “하나님 외에는 다른 신이 없다.”5)는 말은 여러 신들 중에 하나님만이 참 신이라는 뜻으로 보면 안 된다. 유일신은 여러 신들 중에 가장 뛰어나신 신이라는 뜻이 아니다. 그것은 다신론이다.

유일신이란 주님께서 신명기서를 인용하여 말씀하신 것처럼 오직 하나님밖에 없다는 말이다. 하나님 외에 다른 신은 아예 없다는 말이다. 성경에서는 제 아무리 능력이 있는 사탄이라 할지라도 하나님의 피조물일 뿐이지 신은 아니라고 분명하게 말한다. 이른

---

4) (출 3:13)모세가 하나님께 아뢰되 내가 이스라엘 자손에게 가서 이르기를 너희의 조상의 하나님이 나를 너희에게 보내셨다 하면 그들이 내게 묻기를 그의 이름이 무엇이냐 하리니 내가 무엇이라고 그들에게 말하리이까 (출14)하나님이 모세에게 이르시되 나는 스스로 있는 자이니라 또 이르시되 너는 이스라엘 자손에게 이같이 이르기를 스스로 있는 자가 나를 너희에게 보내셨다 하라
5) (신 4:39)그런즉 너는 오늘 위로 하늘에나 아래로 땅에 오직 여호와는 하나님이시요 다른 신이 없는 줄을 알아 명심하고

바 타락한 천사다.

앞에서도 누누이 강조했지만 온 천하에 하나님밖에 없다. 하나님이 유일하다. 그것밖에 없다. 하나님은 모든 부분의 합보다 크신 분이다.

2) 하나님은 완전하시다[6]

하나님도 한 분이시니 곧 만유의 아버지시라 만유 위에 계시고 만유를 통일하시고 만유 가운데 계시도다. (엡 4:6)

무소부재無所不在란 없는 곳이 없다는 말이다. 만유는 헬라어로 '파스'라는 말인데 이는 모두, 전부라는 말이다. 즉 하나이신 하나님은 모든 곳에 계신다. 우리가 때때로 하나님이 안 계신 것 같은 상황이나 그런 마음이 들 때가 있는데 그것은 생각 속에만 존재하는 것이지 실제로는 그럴 수 없다. 만약에 하나님이 없는 곳이 있다면 하나님은 불완전한 하나님이다. 이는 하나님의 완전성에 위

---

6) (시 139:7)내가 주의 영을 떠나 어디로 가며 주의 앞에서 어디로 피하리이까 (시8)내가 하늘에 올라갈지라도 거기 계시며 스올에 내 자리를 펼지라도 거기 계시니이다

배된다. 완전을 뜻하는 '텔레이오스'란 단어는 완성을 위해 필요한 것이 없는 것을 말한다.[7]

하나님은 완전하시기에 필요한 것이 없다. 그러므로 하나님은 그 어떤 것도 요구하지 않으신다. 하나님은 오직 주는 것만 가능하다. 마치 빛처럼 비추는 것만 할 수 있다. 빛은 자신이 밝게 빛나기 위해 어둠에게 비켜나라고 하지 않는다. 그저 비추기만 할 뿐이다. 그 자체로 완벽하다.

하나님이 없는 곳이 없이 모든 곳에 계시고 완전하다는 말은 이 세상 모든 것이 하나님 안에 있으며, 이 세상 모든 것 안에 하나님이 계신다는 말이다. 이를 달리 말하자면 이 세상에는 하나님밖에는 없다는 말이다. 겉모습은 달라도 모두가 하나님이다. 하나님 아닌 것이 존재할 수 없다. 그러기에 "네 이웃을 네 몸처럼 사랑하라."[8]는 말씀이 가능하게 된다. 다 하나님이니 다 하나님으로 대하는 것이다. 하나 안에 남은 없다.

하나 안에 남은 없기에 거기에는 대립이란 존재하지 않는다. 둘 사이에 느끼는 감정이나 소유문제, 경제문제, 갈등 등과 같은 것은 없다. 하나 안에는 오직 평화와 기쁨, 환희만이 있다.

---

7) (마 5:48)그러므로 하늘에 계신 너희 아버지의 온전하심과 같이 너희도 온전(텔레이오스)하라
8) (막 12:29)예수께서 대답하시되 첫째는 이것이니 이스라엘아 들으라 주 곧 우리 하나님은 유일한 주시라 (막30)네 마음을 다하고 목숨을 다하고 뜻을 다하고 힘을 다하여 주 너의 하나님을 사랑하라 하신 것이요 (막31)둘째는 이것이니 네 이웃을 네 자신과 같이 사랑하라 하신 것이라 이보다 더 큰 계명이 없느니라

인간의 에고/감정을 가지고는 하나님 나라에 들어갈 수 없다. 만약에 그렇다면 거긴 천국이 아니다. 그냥 이 세상의 연장일 뿐이다. 완전을 위해 필요한 것이 없다는 것은 오직 하나만이 완전하기 때문에 가능한 것이다.

3) 하나님은 사랑이시다

사랑하지 아니하는 자는 하나님을 알지 못하나니 이는 하나님은 사랑이심이라.(요일 4:8)

인간의 입장에서 하나님을 표현할 때 사랑이라고밖에 할 수 없다.[9] 하지만 인간의 비극은 사랑이 무엇인지 모른다는 데 있다. 인간은 사랑을 소유로 생각하거나 미움의 반대 개념으로 생각한다. 이는 모든 것을 분리된 대상으로 파악하기 때문이다.

그러기에 용감한 자만이 미인을 차지한다든지, 사랑하지 않는 사람을 적으로, 사랑하는 사람을 친구로 여긴다든지 한다. 또한 인간의 사랑은 매우 이기적이어서 자신에게 이익이 되면 사랑하는

---

9) (요 15:9)아버지께서 나를 사랑하신 것 같이 나도 너희를 사랑하였으니 나의 사랑 안에 거하라
(요 16:27)이는 너희가 나를 사랑하고 또 내가 하나님께로부터 온 줄 믿었으므로 아버지께서 친히 너희를 사랑하심이라

것처럼 느끼고 해가 될 때는 원수처럼 느낀다.

하지만 하나님의 사랑은 그렇지 않다는 것을 우리 모두 알고 있다. 그리하여 조건 없는 사랑, 절대 사랑이라고 말하는 것이다. 주님도 하나님을 아버지라고 부르며 그의 사랑을 말씀하셨다.[10] 하나님은 악인과 의인 모두에게 차별 없이 사랑을 베푸신다. 사실 악인이나 의인이라는 것은 모든 것을 분리된 시각으로 보는 인간의 머릿속에만 있는 것일 뿐이다.

하나이신 하나님께는 그 어떤 분리도 존재하지 않기에 모두를 무조건적으로 사랑하신다. 우리가 아버지 하나님처럼 조건 없이, 분리됨 없이 사랑하면 하나님의 아들이 되는 것이다. 그런 자만이 이웃을 자기 몸처럼 사랑할 수 있다. 사랑은 학습되는 것이 아니다. 사랑 아닌 것을 인식하고 놓아 버릴 때 비로소 사랑이 되는 것이다.

---

10) (마 5:44)나는 너희에게 이르노니 너희 원수를 사랑하며 너희를 박해하는 자를 위하여 기도하라 (마45)이같이 한즉 하늘에 계신 너희 아버지의 아들이 되리니 이는 하나님이 그 해를 악인과 선인에게 비추시며 비를 의로운 자와 불의한 자에게 내려주심이라 (마46)너희가 너희를 사랑하는 자를 사랑하면 무슨 상이 있으리요 세리도 이같이 아니하느냐 (마47)또 너희가 너희 형제에게만 문안하면 남보다 더하는 것이 무엇이냐 이방인들도 이같이 아니하느냐 (마48)그러므로 하늘에 계신 너희 아버지의 온전하심과 같이 너희도 온전하라

4) 하나님은 진리 그 자체이시다[11]

내가 나의 영을 주의 손에 부탁하나이다. 진리의 하나님 여호와여 나를 속량하셨나이다.(시 31:5)

하나님은 진리 그 자체이기에 진리도 완전하다. 아주 조금이라도 진리 아닌 것이 섞여있다면 결코 진리가 될 수 없다. 또한 진리가 완전하다는 것은 진리가 진리이기 위해 그 누구의 도움도 필요하지 않다는 것이다. 하나님이 진리이시라는 것은 이 세상에 하나님 아닌 것이 없다는 말처럼 진리 아닌 것이 없다는 말이다. 하나님밖에 없으며, 진리밖에 없다. 비진리는 허구요, 비존재다. 아예 없다.

예전에 '진리수호대책위원회'라는 조직이 있었던 것으로 기억되는데 완전한 진리를 그것도 인간이 어떻게 수호하겠다는 것인지 개그콘서트에 나올 법한 일이 아닐 수 없다. 하지만 사실 이와 같은 일은 역사상 매우 많이 있었다. 마녀사냥도 그렇고 십자군전쟁의 명분도 그중에 하나다. 대개 정의라는 이름으로 저질러지는 수

---

11) (요 16:13)그러나 진리의 성령이 오시면 그가 너희를 모든 진리 가운데로 인도하시리니 그가 스스로 말하지 않고 오직 들은 것을 말하며 장래 일을 너희에게 알리시리라
(시 119:43)진리의 말씀이 내 입에서 조금도 떠나지 말게 하소서 내가 주의 규례를 바랐음이니이다

많은 오류들이 그런 것들이다.

이처럼 생각하는 것은 인간은 모든 것을 이원적으로, 즉 대상과 자신을 분리해서 보기 때문이다. 진리 그 자체는 반대개념을 가질 수 없다. 만약에 그렇다면 그것은 반쪽짜리 진리임으로 이미 진리가 아니다. 그럼에도 인간들은 진리를 생각하면서 동시에 진리의 반대편을 상상한다. 이쯤 되면 진리의 이름으로 사람을 죽이는 것이 정당해진다.

이런 인간들을 구원하시기 위해 예수께서 오셨다. 그리고 자신이 아버지 하나님과 하나이며 진리임을 선포하셨다.12) 주님은 진리에 대해 증언하러 오셨다고 했으므로 주님의 말씀은 진리의 말씀이다.13) 양이 목자의 음성을 듣고 따르는 것처럼 주께 속한 자만이 진리를 알고 진리로 살 수 있다.

우리가 진리에 대해 무엇을 해야 할 것은 아예 없다. 진리는 완전하다. 다만 진리 아닌 것을 하지 않는 것이다. 이것이 진리에 순종하고 진리를 따라 살아가는 것이다.

---

12) (요 14:6)예수께서 이르시되 내가 곧 길이요 진리요 생명이니 나로 말미암지 않고는 아버지께로 올 자가 없느니라
13) (요 18:37)빌라도가 이르되 그러면 네가 왕이 아니냐 예수께서 대답하시되 네 말과 같이 내가 왕이니라 내가 이를 위하여 태어났으며 이를 위하여 세상에 왔나니 곧 진리에 대하여 증언하려 함이로라 무릇 진리에 속한 자는 내 음성을 듣느니라 하신대

5) 하나님은 영원하시다

산이 생기기 전, 땅과 세계도 주께서 조성하시기 전 곧 영원부터 영원까지 주는 하나님이시니이다.(시 90:2)

하나님이 영원하시다는 말은 누구나 믿고 안다. 영원은 시작도 끝도 없다는 말이다. 만약에 하나님께 시작이 있다면 그전에는 무엇이 있었는가? 또한 하나님께 끝이 있다면 그 다음은 무엇이 있을 것인가? 그렇게 되면 하나님은 시작과 끝 사이에 갇힌 하나님이 된다. 그것은 유한한 하나님이기에 불완전한 하나님이 된다. 있을 수 없다.

시작과 끝이라는 말은 인간의 시간의 관점에서 말하는 것이다. 이를 선형적 시간이라고 말한다. 그에 비해 하나님의 시간은 영원으로 이를 비선형적 시간이라고 한다. 인간은 유한한 존재이기에 인간의 모든 시간은 끝없이 이어지지 않는다. 선형적 시간에는 항상 시작과 끝이 있다.

앞에서 언급했지만 다시 한 번 보자. 히브리어로 영원은 '오람'이란 단어다. 이는 '감추다', '숨기다'는 '아람'이란 말에서 파생된 단어다. 오람은 '감추어진 시간', '생각 밖의 시간', '시간 너머의 시간', 부사로 쓰일 때는 '항상', '지금'이란 뜻을 가진다. 따라서

영원이란 말은 인간의 시간으로는 파악할 수 없는 시간 너머의 시간으로 항상, 지금의 영원한 현재다.14)

태초라는 말은 시간의 시작을 말하는 것이 아니다. 태초는 인간이 생각할 수 없는 시간을 말한다. 그리하여 영성의 관점에서 보면 시간은 아예 존재하지도 않고, 있었던 적도 없다. 다만 인간이 고안해 낸 시간관념은 원인과 결과, 시작과 끝을 과거, 현재, 미래로 인식하는 인간의 생각 속에만 존재하는 것이다.

그리스도이신 예수께서도 영원하신 분이다.15) 그리스도께서 영원하시다는 말은 영원하신 하나님과 하나이기 때문이다. 구원이란 유한한 시간 속에 자신이 존재한다고 믿는 인간을 영원한 하나님의 나라로 이끄는 것이다.

사실 인간들은 오직 현재만을 살고 있음에도 자신이 과거, 현재, 미래를 산다고 믿는다. 이러한 믿음이 인간을 스스로 허무한 존재로 만들었다.16) 허무 속에 빠져 사는 인간들을 영원한 평화의 나

---

14) (전 3:11)하나님이 모든 것을 지으시되 때를 따라 아름답게 하셨고 또 사람들에게는 영원(오람)을 사모하는 마음을 주셨느니라 그러나 하나님이 하시는 일의 시종을 사람으로 측량할 수 없게 하셨도다
    (시 93:2)주의 보좌는 예로부터 견고히 섰으며 주는 영원부터 계셨나이다
    (시 92:8)여호와여 주는 영원토록 지존하시니이다
15) (요 1:1)태초에 말씀이 계시니라 이 말씀이 하나님과 함께 계셨으니 이 말씀은 곧 하나님이시니라 (요2)그가 태초에 하나님과 함께 계셨고 (요3)만물이 그로 말미암아 지은 바 되었으니 지은 것이 하나도 그가 없이는 된 것이 없느니라
    (히 13:8)예수 그리스도는 어제나 오늘이나 영원토록 동일하시니라

라로 들어오라는 것이 복음의 초대다.

6) 영의 세계와 육의 세계는 다르다

육으로 난 것은 육이요 영으로 난 것은 영이니(요 3:6)

영의 세계와 육의 세계는 다르다. 만약에 두 세계가 같다면 우
리는 거듭날 필요가 없다. 하나님 나라에 들어갈 이유가 없지 않
은가? 예수께서도 두 세계가 다르다는 것을 분명히 밝히셨다.[17]

영의 세계는 하나님 나라, 하늘, 천국이라고 말하고, 육의 세계
는 세상, 땅이라고 구별하여 말한다. 이를 영성적 차원에서 말하면

---

16) (창 4:26)셋도 아들을 낳고 그의 이름을 에노스라 하였으며 그 때
에 사람들이 비로소 여호와의 이름을 불렀더라
　　여기서 '에노스'란 단어는 아담이란 단어처럼 사람이란 말인데, 아
담이 불그스름한 인간이란 뜻인데 반해 에노스는 죽을 수밖에 없는
허무한 존재라는 뜻이다. 인간이 허무를 알자, 비로소 여호와를 찾게
되었다는 말이다.

17) (요 18:36)예수께서 대답하시되 내 나라는 이 세상에 속한 것이
아니니라 만일 내 나라가 이 세상에 속한 것이었더라면 내 종들이
싸워 나로 유대인들에게 넘겨지지 않게 하였으리라 이제 내 나라
는 여기에 속한 것이 아니니라 (요37)빌라도가 이르되 그러면 네가
왕이 아니냐 예수께서 대답하시되 네 말과 같이 내가 왕이니라 내
가 이를 위하여 태어났으며 이를 위하여 세상에 왔나니 곧 진리에
대하여 증언하려 함이로라 무릇 진리에 속한 자는 내 음성을 듣느
니라 하신대

영의 세계는 참나/그리스도의 세계이며, 육의 세계는 에고의 세계다. 아예 전혀 다른 세계다.

에고세계의 특징은 분리된 이원성으로 모든 것을 인식한다는 것이다. 좋음과 나쁨, 선과 악, 이익과 손해, 있음과 없음처럼 대립쌍을 이루는 개념으로 인식한다. 이와 같은 분별이 인간들의 슬픔의 원인이며, 죄다.

인간들은 좋음을 얻기 위해 노력하고 나쁨을 피려고 노력하지만 모든 일의 결과를 전혀 알 수 없다. 또한 무엇이 좋은 것인지 나쁜 것인지도 분별할 수 있는 능력 자체가 없기에 항상 우울할 수밖에 없다.[18] 인간은 지각과 본질을 혼동한다.

이에 비해 영의 세계는 하나님의 세계이기에 분리나 구별이 전혀 없다. 따라서 좋고 나쁨이 있을 수 없다. 하나 안에는 대립이란 아예 존재할 수 없기에 오직 평화만이 있을 뿐이다. 성경도 하나님의 나라를 평화의 나라라고 하는 것이다. 합일은 글자 그대로 하나가 되는 것이다. 합일된 하나님 나라에는 나도 없고 너도 없다. 오직 하나님만 있다. 진리와 참된 자유, 완전한 사랑만이 있다. 표현할 수조차 없는 환희와 빛의 세계다.

영의 세계와 육의 세계에는 연결다리가 없다. 전혀 다른 세계다. 그러기에 영의 세계인 하나님 나라에 들어가기 위해서는 육의 세

---

18) (잠 27:1)너는 내일 일을 자랑하지 말라 하루 동안에 무슨 일이 일어날는지 네가 알 수 없음이니라
(롬 11:8)기록된바 하나님이 오늘까지 그들에게 혼미한 심령과 보지 못할 눈과 듣지 못할 귀를 주셨다 함과 같으니라

계를 떠나 속죄소를 지나 영의 세계로 들어가는 수밖에 없다. 다른 길은 없다.

2. 육의 세계

자 이제까지 살펴본 대전제들을 바탕으로 영성에 대한 본격적인 논의를 시작해 보자. 그전에 한 가지 집고 넘어가야할 것이 있다. 그것은 영성에 대해 우리가 무지할 뿐 아니라 영성에 대해 어렵다고 느끼는 것이다.

그 이유 중 하나는 생소한 용어의 문제다. 영성에서 사용하는 언어들은 추상적인 개념들을 언어화한 것들이다. 그 개념들은 보이거나 만져지지 않는다. 따라서 그 개념들을 명확히 이해하기란 매우 어렵다.

사실 모든 언어들은 처음부터 있었던 것은 아니다. 사과가 창조될 때 자신이 사과라고 이름표를 달고 나오지 않았다. 그저 사람들이 그 형태의 특징이나 맛, 촉감 등의 오감과 유래 등을 기반으로 해서 이름 붙인 것이다. 그리하여 우리가 사과라고 하는 것을 다른 곳에서는 apple이라고 부른다.

영성의 용어도 마찬가지다. 하나님은 이름이 없다. 그저 사람들이 지각되지는 않지만 그렇다고 없다고도 할 수 없는, 모든 것의 궁극적 원인이요, 최종의 결과라고 말할 수밖에 없는 그 무엇을 각각의 언어와 문명에 따라 신, 세오스, 엘로힘, 여호와, 알라, 칼리, 하나님 등으로 이름을 부여한 것뿐이다.

영, 영혼, 마음, 생각, 분리, 이원성, 영원, 하나임, 공空, 무無, 의식 등과 같은 영성의 주요 단어들도 다 그렇다. 오감으로는 인식되지 않지만 없다고 할 수 없는 그 어떤 상태나 존재들을 그렇게 부르는 것이다. 이 개념들이 명확하게 이해되지 않기에 영성이 어렵게 느껴지는 것이다.

또 하나의 이유를 들자면 우리의 인식사고체계 때문이다. 우리는 어떤 것을 인식하려면 그것을 나와 분리시켜야 한다. 이를 대상화한다고 말한다. 예를 들어 동백꽃을 알아보기 위해서는 그 꽃을 보는 나와 내가 보는 대상으로서의 동백꽃이 있어야 한다. 그때 비로소 동백꽃을 알아보게 되는데 이때의 동백꽃은 나와 다른 그 무엇이다.

또한 동백꽃이라고 이름 붙이는 순간 다른 꽃들은 절대로 동백꽃이 될 수 없다. 이것이 에고의 사고체계이다. 에고는 모든 것을 대상화시킨다. 그리고 그것에 의미를 부여한다. 그리하여 좋음과 나쁨, 있음과 없음, 친구와 원수, 참과 거짓, 창조주와 피조물 등으로 이원화시켜 인식하고 대응한다.

그러나 영의 사고체계는 다르다. 하나님은 하나이시기에 둘을 모르신다. 하나님은 진리이시기에 거짓은 하나님께 존재할 수 없다. 하나님은 거룩하시고 선하시기에 죄는 하나님께 있을 수 없다.

만약에 둘이 존재한다면 하나님은 반쪽짜리 하나님이 된다. 하나님께 거짓이 있다면, 죄가 있다면 그것은 하나님도 아니다. 영의 사고체계는 우리가 도저히 알 수 없다. 그리하여 성령께서 영의 사고체계를 가르쳐주시는 것이다. 영의 사고체계는 곧 성령의 사고체계다.

이 두 사고체계는 연결점이 없다. 에고의 사고체계와 성령의 사고체계는 하늘과 땅 만큼 다르다. 두 세계가 전혀 다른 것처럼 각각의 사고체계도 전혀 다르다.

그런데 에고로 살아가는 우리는 영성을 이해하기 위해서 어쩔 수 없이 에고의 사고체계를 이용할 수밖에 없다. 에고의 사고체계로 영의 세계를 이해하려 하니 어려운 것은 당연하다. 따라서 영성에 대해 공부한다는 것은 다름 아닌 성령의 도우심으로 사고체계를 바꾸는 작업이다.

성령께서는 인간의 지식을 영적 지식으로 바꾸신다. 사랑을 예를 들면 인간은 미움의 반대개념으로 사랑을 이해하고 받아들인다. 하지만 성령께서는 그 사랑을 하나님의 완전한 사랑으로 바꾸어주신다.

우리가 은혜를 체험하게 될 때마다 우리의 사고체계가 조금씩 변하는 것을 느낄 수 있을 것이다. 그리하여 자기만 알던 스크루지 같은 사람이 어느 날 은혜를 체험하고는 남을 돌보고 도와주는 일을 하는 것이다. 사고체계가 바뀐 것이다.

자 이제 육의 세계에 대해 본격적으로 살펴볼 차례다. 여기서는 우선 "나는 누구인가?"라는 질문으로부터 시작한다. 내가 누구인지 알아야 하나님을 알든, 영성에 대해 배우는 할 것 아닌가? 나의 정체identity를 분명하게 규정한 뒤에 육의 세계, 즉 에고의 세계의 가장 큰 특징, 이원성과 시공간에 대해 볼 것이다.

1) 나는 누구인가?

"나는 누구인가?"라는 질문은 인간이 할 수 있는 최고의 질문이자, 최후의 질문이다. 그러나 역설적으로 이 질문은 인간이 자기자신이 누구인지 모른다는 반증이기도 하다. 인간은 왜 자기가 누구인지도 모르며 살아가는 존재일까? 나는 도대체 누구란 말인가? 왜 내가 나를 모르는 채 살아가는 것일까?

사실 인간이라는 말도 인간이 다른 기타 만물들과 스스로 구별하여 붙인 이름이다. 따라서 보다 정확하게 하자면 "나는 누구인가?(Who am I?)"가 아니라 "나는 무엇인가?"(What am I?)라고해야 한다. 나는 무엇일까? 해답 없는 질문일까?

모든 질문에는 답이 있다. 그러므로 우리는 포기하지 말고 그질문을 파고들어야 한다. 언제까지? 해답을 찾고 그 해답이 아무의미 없다는 것을 깨달을 때까지다. 그때 우리는 하나에 도달할수 있다. 하나는 대상이 없기에 질문도 없다. 질문이 없으면 해답도 없다. 그저 그것일 뿐이다.

　달리 표현하면 원인 없이 결과만 있다. 결과만 있으려면 오직 지금/현재 만이 있어야 한다. 시간과 공간이 사라져야 한다. 거기에는 우리가 찾는 대상으로서의 하나님도 없다. 나라고 할 수 있는 나도 없다. 분리가 존재하지 않는 하나에는 대상이 없기에 구별도 없다. 이렇다 할 것도 없다. 모양도 없고 이름도 없다.

　'있다', '없다'고 할 것이 없으니 그냥 '그것'일 뿐이다. 십자가의 성 요한은 무無라고 불렀다. 그리스도이신 예수께서는 '하나님 나라'라고 부른다. 사실 나라라는 말도 장소의 개념을 포함하고 있으니 필요 없다. 그냥 하나님이다. 이것이 영성에서 말하는 나는 무엇인가에 대한 대답이다. 과연 그런가 하나씩 살펴보자.

이름

　모든 만물에는 이름이 있다. 하지만 이름표를 달고 생겨난 것은 아무것도 없다. 모두가 사람들이 편리를 위해 구분하여 붙인 것이다. 구별하여 이름을 붙이면 그것만이 그것이고 다른 것은 그것이 될 수 없다. 철저한 분리다. 분리와 더불어 생겨난 것이 의미다. 각각의 사물에는 그 의미가 있다. 분리와 더불어 의미를 부여하면 그것은 특별한 것이 된다.

인간도 마찬가지다. 사람은 그 이름을 바꾸지 않는 한 평생 그 이름이 자기인 것처럼 살아간다. 하지만 자기 이름표를 달고 이 땅에 태어난 사람은 아무도 없다. 모두가 새로 태어난 아이를 다른 이들과 구별하기 위해 이름을 붙인 것이다. 주위의 사람들을 떠올려 보라. 나름대로의 특별한 이미지와 의미, 감정들이 있을 것이다. 똑같은 것은 없다. 인간은 인간 자신도 분리하여 구별한다.

자신의 고유 이름 말고도 가족관계 속에서 생겨난 명칭 등이 있다. 가정에서는 아빠, 엄마, 동생, 형, 할아버지, 할머니, 이모, 고모 등이 있다. 또 그에 따른 역할도 있다. 그렇다고 해서 그것이 나인가? 어찌어찌한 사연으로 인해 가족관계가 해체되면 그 명칭 또한 사라진다. 그러므로 관계 속에서 한시적으로만 존재하는 명칭들은 진정한 나, 영원한 나일 수 없다.

사회관계에서 붙여지는 각종 명칭들, 직함들도 물론이다. 과장이 되면 그는 과장만 될 수 있다. 더 이상 대리가 아니다. 그러나 과장은 과장으로 있을 때만 과장이지 승진해서 부장이 되거나 퇴사하면 그 직함도 사라진다. 따라서 우리의 외부에서 부르는 각종 이름이나 명칭, 직함들은 영원하지 않다. 영원하지 않은 것은 내가 찾는 내가 될 수 없다.

이제 우리는 우리가 갖고 살아가는 이름, 관계 속에서 붙여진 이름들이 실재의 내가 아니라, 다른 사람들과 구별하기 위해 지어 낸 것에 불과하다는 것을 알았다. 그리고 그 이름은 온갖 특별한 이미지와 감정들이 뭉쳐 있는 하나의 인격체personality를 대변한다. 그것이 나라고 우리는 믿는다. 그 인격체를 다른 인격체와 구별하여 대표하는 것이 이름이다.

하지만 심오한 종교체험을 한다든지, 삶의 조건들이 예기치 않게 변한다든지 하면 인격체도 변한다. 이른바 사람이 변했다는 말이다. 변하는 것은 영원할 수 없다. 시간과 공간 안에서는 변하는 것이 자연스럽겠지만 영원한 하나님 나라에서는 있을 수 없다. 그러므로 변화하는 나는 하나님 나라에 들어갈 수 없다.

그렇다면 변화하는 인격체로서의 나, 그 나를 부르는 이름은 결국 내가 아닌 것이다. 하나님 나라에 들어가는 나, 변하지 않는 나, 영원한 나, 그것이 진정한 나다.

몸

그럼 나는 누구인가? 우리는 내가 가지고 살아가는 몸이야말로 나라고 믿는다. 우리는 내 몸에 대해 "내가 아프다.", "내 몸이 이상해", "잘 생긴 내 얼굴" 등으로 표현한다. 몸에는 5가지 감각이 있어 그 감각으로 모든 대상을 직접 체험하고 분석하고 의미를 부여한다. 사실 몸이 직접 지각하고 인식하고 그것을 바탕으로 대응하고 행동하기에 몸이 나라고 믿는 것은 당연할지도 모른다.

하지만 몸은 내가 아니다. 간단한 예를 들어보면 분명하다. 사람이 죽으면 어떻게 하는가? 우리는 돌아가셨다고 말한다. 구약에서는 열조에게로 돌아갔다고 한다.[19] 기독교에서는 천국에 가셨다고 말한다. 그렇다면 천국은 누가 가는가? 내 몸인가, 영인가? 몸은 화장을 하거나 매장을 하여 이 땅에 버려진다.

결국 몸은 내가 아니다. 하나님도 몸은 흙으로 지음 받았으니 흙으로 되돌아간다고 하셨다.[20] 몸, 즉 우리의 육체는 바울의 표현대로 하자면 그저 육신의 장막이다. 창세기로 말하자면 흙덩어리다.[21]

둘째로 불의의 사고나 심장마비 등으로 뇌사상태에 빠지면 어떻게 되는가? 중환자실에서 의사의 처치에 의해 각종 약물과 장치들로 계속 살아있게 만들 수 있다. 하지만 뇌사상태에 빠진 사람은 눈 하나 깜박일 수 없다. 손 끝 하나도 움직이지 못한다. 그저 몸의 생명만을 간신히 유지하고 있을 뿐이다.

---

19) (창 27:7)아브라함의 향년이 백칠십오 세라 (창8)그의 나이가 높고 늙어서 기운이 다하여 죽어 자기 열조에게로 돌아가매
20) (창 3:19)네가 흙으로 돌아갈 때까지 얼굴에 땀을 흘려야 먹을 것을 먹으리니 네가 그것에서 취함을 입었음이라 너는 흙이니 흙으로 돌아갈 것이니라 하시니라
21) (창 2:7)여호와 하나님이 땅의 흙으로 사람을 지으시고 생기를 그 코에 불어넣으시니 사람이 생령이 되니라
(고후 5:1)만일 땅에 있는 우리의 장막 집이 무너지면 하나님께서 지으신 집 곧 손으로 지은 것이 아니요 하늘에 있는 영원한 집이 우리에게 있는 줄 아느니라
(롬 9:20)이 사람아 네가 누구이기에 감히 하나님께 반문하느냐 지음을 받은 물건이 지은 자에게 어찌 나를 이같이 만들었느냐 말하겠느냐 (롬21)토기장이가 진흙 한 덩이로 하나는 귀히 쓸 그릇을, 하나는 천히 쓸 그릇을 만들 권한이 없느냐

그렇다면 몸은 자체로는 아무것도 하지 못하는 것이다. 그저 자신에게 주어진 기능만을 할 뿐이다. 따라서 몸은 나라고 할 수 없다. 몸을 움직이고 활동하게 하는 그 무엇이 있어야 한다.

생각과 사고체계

생각이란 말은 판단하고 인식하는 따위의 정신작용을 일컫는 말이다. 마치 사슴뿔生角처럼 불쑥불쑥 떠오르는 것들이 생각이다. 그 단편의 생각들을 연상 작용을 통해 한편의 시나리오처럼 엮어 내기도 한다.

우리는 생각이 없이는 아무것도 하지 못한다. 뇌사란 단지 생각 작용이 멈춘 것이다. 몸은 그저 생각에 따라 행동하는 도구다. 생각이 나의 몸을 살아 움직이게 하니 이 생각이 나인가?

우리는 전혀 모르는 것에 대해서는 전혀 생각할 수 없다. 우리가 하는 생각이란 이제까지 알게 모르게 학습된 내용들이다. 생각이 떠오르는 것은 학습된 내용들이 연상 작용을 통해 상황에 맞게 조합하고 분류해 내는 정신작용에 의한 것이다. 적절하게 조합하면 좋은 생각이 된다. 상황을 악화시키면 나쁜 생각이다. 아주 독특한 방법을 고안해내면 기발한 생각이 된다.

이렇게 말하는 것은 우리의 언어 습관에 의한 것인데 정확하게 말하자면 생각이란 그저 불쑥불쑥 떠오르는 것들뿐이다. 처음에는 형체가 없다가 우리가 그 생각을 붙잡게 되면 그 생각들을 중심으로 에너지가 뭉쳐 구체화된다. 생각이 구체화되면 우리가 그 생각을 비로소 인식하게 된다. 어떤 생각이 떠올랐을 때 그것을 실행에 옮길 것인가, 아니면 포기할 것인가를 결정하게 된다. 이 결정하는 것을 사고체계라고 한다.

실제 우리의 삶을 관장하고 행동하게 하고 살아있는 존재처럼 보이게 하는 것은 바로 이 사고체계 때문이다. 그리하여 "나는 누구인가?"라는 질문에 대한 최초의 답이 "나는 사고체계다."라고 할 수 있다. 데카르트의 유명한 명제, "나는 생각한다. 고로 나는 존재한다.(cogito ergo sum)"라고 말한 것이 바로 이것이다. 하지만 존재가 먼저지 생각이 먼저가 아니므로 데카르트는 뒤집어 말한 것이다.

그러나 생각이 나라고 하기에는 뭔가 미심쩍다. 우리가 보통 내 생각이라고 말하는데, 과연 내 생각이란 존재하는가? 모든 사람들의 생각은 다 다르다. 똑같은 생각은 존재하지 않는다. 같은 생각이라 할지라도 그 숨은 뜻은 조금씩 다르다. 맥락도 다르고 의미도 다르다. 흡사 저녁노을을 같은 자리에서 함께 바라보며 똑같이 아름답다고 말했다고 하더라도 표현은 같지만 뉘앙스나 느낌은 다 다르다.

이처럼 생각은 모든 사람마다 다 다르다. 그러므로 생각이 나라고 말할 수도 있을 것이다. 과연 그럴까? 생각이 나라면 생각을 나의 의지대로 활용할 수 있어야 한다. 그러나 생각은 그 누구도 통제하지 못한다. 나쁜 생각, 절망적인 생각은 하지 않으려 해도 저절로 떠오른다. 따라서 생각은 내가 아니며, 비인격적이라고 말할 수밖에 없다. 그저 생각에 나라고 하는 인격을 부여했을 뿐이다.

또 달리 말하자면 인간은 직접 경험이든 간접 경험이든 간에 경험하지 못한 것, 알지 못하는 것은 전혀 생각조차 할 수 없다. 학습된 것만 알 수 있기에 생각할 수 있다. 그렇다면 모든 생각들은 이미 존재하고 있었다는 말이다. 그것을 내가 사고체계 속에서 상황에 맞게 조합했을 뿐이다. 그러므로 사고체계를 나라고 한다는 것은 나의 정체identity를 설명해주지 못한다. 그럼 나는 누구인가?

마음

마음이 나인가? 진도를 더 나가기 전에 해야 할 말이 있다. 앞에서 말한 생각, 사고체계, 지금 언급할 마음, 앞으로 말하게 될 의식, 영, 참나, 하나님 나라 등은 물질처럼 보고, 만지고 하는 것과 같은 실체가 없다. 이것들은 시간과 공간 안에 있지도 않다. 그렇다고 없다고도 말할 수 없다. 본디 뭐라고 말할 수 없는 것, 이름이 없는 것들을 인간들이 편의상 그렇게 부르는 것이다. 그러므로 이들 용어들은 사용하는 사람들이 나름대로의 정의를 내려쓰기에 책이나 사람에 따라 그 의미가 다를 수 있다는 것을 미리 알았으면 한다.

마음이 어디 있는가? 가슴에 있는가? CT를 찍으면 나오는가? 그렇다고 없는가? 뭐라고 규정하기 힘들긴 하지만 우리의 마음 안에는 온갖 생각들, 감정들, 관념체계들이 뒤섞여 있다.

일반적으로 마음을 정서체계와 지성체계로 나누어 설명하곤 한다. 성경도 그렇다. 마음에 해당하는 헬라어는 두 가지 단어다. '카르디아'와 '누스'가 그것이다. 둘 다 우리 개역(개정)성경에서 마음으로 번역했다.

카르디아의 마음은 정서적인 마음heart을 말한다.[22] 성령이 마음에 임한다고 할 때 그 마음도 카르디아다.[23] 지성적인 마음mind을 뜻하는 단어는 '누스'다.[24] 신앙적인 결단을 하는 마음도 누스다.[25] 이처럼 인간의 정서체계와 지성체계를 아울러 마음이라고 한다.

---

22) (롬 5:5)소망이 우리를 부끄럽게 하지 아니함은 우리에게 주신 성령으로 말미암아 하나님의 사랑이 우리 마음(카르디아)에 부은바 됨이니
23) (고후 1:22)그가 또한 우리에게 인치시고 보증으로 우리 마음(카르디아)에 성령을 주셨느니라
24) (롬 7:23)내 지체 속에서 한 다른 법이 내 마음(누스)의 법과 싸워 내 지체 속에 있는 죄의 법으로 나를 사로잡는 것을 보는도다
25) (롬 12:2)너희는 이 세대를 본받지 말고 오직 마음(누스)을 새롭게 함으로 변화를 받아 하나님의 선하시고 기뻐하시고 온전하신 뜻이 무엇인지 분별하도록 하라

우리가 마음을 들여다보면 마음은 쉴 새 없이 지껄이고, 흥얼거리고, 과거의 기억들이 감정과 뒤섞여 들락거리고, 미래에 있을지도 모르는 온갖 몽상들로 감정이 들썩거리며, 한숨과 환희가 수시로 교차한다. 잠시도 쉬지 않는다. 이처럼 산란한 마음을 어찌할 도리가 없다.

마음이 나라면 내가 마음을 정리할 텐데. 그러지 못하는 것을 보면 마음이 내가 아닌 것은 분명하다. 따라서 마음을 나라고 할 수 없다. 그럼에도 우리는 내 마음이라 하며 마음이 마치 나인 것처럼 믿고 산다.

본디 마음은 실체가 없기에 뭐라고 규정지을 수 없다. 아마도 어떤 기능이나 표현이라고 부르는 것이 정확할 수도 있겠다. 즉 하나님/마음이라고 부를 때는 하나님으로부터 흘러나오는 말할 수 없는 그 어떤 속성을 표현하는 것이다. 또한 에고/마음이라고 할 때는 에고의 속성이나 성질을 인격화시켜 표현하는 것이다. 그러므로 마음은 그 어떤 정체identity가 있다고 할 수 없다.

마음은 어떻게 쓰느냐에 따라 그 방향이 결정된다. 에고가 실재라고 믿는 자에게는 마음은 에고의 거울이 된다. 각각의 에고의 상태를 그대로 비추는 것이다. 하지만 하나님을 향한 자들에게 마음은 성령의 인도하심을 받아 하나님 마음을 비추며 산다. 이른바 하나님 뜻대로 살아가는 것이다.

대부분의 수행단체들은 이 마음을 수행의 목표로 삼는다. 산란한 마음을 진정시켜 결국에는 마음 없는 무심의 단계로 나가는 것이다. 무심은 역설적으로 한마음이다. 기독교의 영성수련도 마찬가지다. 관상기도는 산란한 마음을 진정시키기 위해 아예 하나님, 또는 거룩한 단어 하나에 집중하라고 한다. 이때의 집중은 생각 너머의 생각으로 하는 것이다. 그러기에 사실 단어 자체는 이미 의미가 없다.

하나님을 생각 너머의 생각으로 집중하게 되면 결국에는 인간의 마음, 이를 에고/마음이라고 하는데, 그 마음을 넘어서게 된다. 그리하여 한마음이 되는데 이 한마음이 바로 합일이다. 생각 너머의 생각과 하나가 되는 것이다. 이때의 마음을 에고/마음과 구별하여 한마음, 무심, 참나/마음, 하나님 마음이라고 부른다. 하나인 한마음에는 연속적인 마음의 상태가 있을 수 없다.

하나님 마음에는 구별이 없기에 한마음만 있는 것이다. 에고/마음이 없어졌기에 무심無心이라고 하는 것이다. 하나님 안에서만 진정한 내가 존재하기에 그것이 참나이며,26) 에고/마음과 구별하여 참나/마음이라고 한다.

---

26) (요 10:34)예수께서 이르시되 너희 율법에 기록된바 내가 너희를 신이라 하였노라 하지 아니하였느냐 (요35)성경은 폐하지 못하나니 하나님의 말씀을 받은 사람들을 신이라 하셨거든 (요36)하물며 아버지께서 거룩하게 하사 세상에 보내신 자가 나는 하나님의 아들이라 하는 것으로 너희가 어찌 신성모독이라 하느냐
(갈 3:26)너희가 다 믿음으로 말미암아 그리스도 예수 안에서 하나님의 아들이 되었으니

에고

이제까지 말한 이름, 생각 및 사고체계, 에고/마음 등은 다 에고로서의 나를 말한다. 에고는 어디부터 나왔는가? 에고란 대체 무엇인가?

에고는 하나님으로부터 최초로 분리된 시점에 생겨났다. 하나님으로부터 분리된 인간은 생존의 위험과 허무에 맞닥뜨리게 되었다.[27] 생존을 유지하기 위한 분별이 필요하게 되었다. 이른바 좋음/나쁨이다. 생존에 유리한 것은 좋음이고 생존에 불리한 것은 나쁨이다. 모든 것을 대상화하여 선/악, 좋음/나쁨으로 구별하여야 했다.[28] 이것이 타락이다. 죄다.

에고는 실체가 있는 것이 아니다. 에고는 단지 생존을 위해 만들어진 사고체계에 불과하다. 에고의 실체가 없다는 말은 에고는 허구요, 환상이란 말이다. 그림자다. 생존에 유리하도록 인간들이

---

27) (창 3:17)아담에게 이르시되 네가 네 아내의 말을 듣고 내가 네게 먹지 말라 한 나무의 열매를 먹었은즉 땅은 너로 말미암아 저주를 받고 너는 네 평생에 수고하여야 그 소산을 먹으리라 (창18)땅이 네게 가시덤불과 엉겅퀴를 낼 것이라 네가 먹을 것은 밭의 채소인즉 (창19)네가 흙으로 돌아갈 때까지 얼굴에 땀을 흘려야 먹을 것을 먹으리니 네가 그것에서 취함을 입었음이라 너는 흙이니 흙으로 돌아갈 것이니라 하시니라

28) (창 2:16)여호와 하나님이 그 사람에게 명하여 이르시되 동산 각종 나무의 열매는 네가 임의로 먹되 (창17)선악을 알게 하는 나무의 열매는 먹지 말라 네가 먹는 날에는 반드시 죽으리라 하시니라. 여기서 선은 히브리어로 '토브', 악은 '로토브'다 KJV에서는 "good and evil"이라고 번역했다.

만들어낸 사고체계다. 인간은 이 에고의 사고체계로 모든 것을 구별하고 대상화한 다음 각각에 의미를 부여한다. 이른바 이름이다.

하지만 인간은 그것이 나라고 믿고 산다. 에고에 인격을 부여하고 하나의 개성체personality로 인식하여 그것이 다른 사람들과 구별된 자기라고 믿는 것이다. 단적으로 말해 에고는 있었던 적도 없고 있지도 않다. 있다고 믿는 그 믿음체계 안에만 있다. 생각 속에만 있는 허상이다.

에고는 생존이 목적이기에 주는 것을 모른다. 줄 때에는 그에 상응하거나 그보다 더 큰 보상이 있어야 기꺼이 줄 수 있다. 에고의 모든 행위는 거래일뿐이다. 에고는 손해 보는 거래는 하지 않는다. 무형이든 유형이든 간에 이익이 있어야 거래를 한다. 물론 그 거래가 유리한지/불리한지, 좋은 지/나쁜 지를 분간하는 능력이 인간에게 애당초 없다는 것이 문제다. 그래서 사기도 당하고 망하기도 하는 것이다.

신앙인들이 흔히 범하는 오류가 이 에고를 실체로 보고 에고와 맞서 싸우려고 한다는 것이다. 에고는 실체가 없기에 싸우고 죽이고 할 것도 없다. 허공을 치는 것과 같다. 있지도 않는 에고를 미워할 필요도 없다.

육의 세계는 에고의 사고체계로 움직이는 세계이다. 에고는 인간의 생존을 위해 만들어진 것이므로 마치 인간의 생존을 위한 방어막과 같다. 에녹성처럼 그렇다.[29] 에고의 신념체계에 의해 살아

---

29) (창 4:17)아내와 동침하매 그가 임신하여 에녹을 낳은지라 가인이

가는 사람들은 에고 없이는 생존할 수 없다. 그러나 하나님의 아들은 에고 없이 살아가는 자다.

인류의 문명은 에고의 문명이다. 인류의 진화는 에고의 진화다. 에고를 속성으로 빠르게 진화시키는 일을 하는 것 중에 가장 강력한 것이 종교다. 물론 종교는 에고의 조직이므로 함정이 있다. 영적 에고를 강화시키는 것이 그것이다. 그리하여 종교조직을 떠나 수행하는 사람들도 있다.

에고는 호기심이 많기에 기꺼이 진화를 시도한다. 영적 진화를 통해 에고가 약화되고 나중에는 우주의식과 하나가 될 즈음에는 에고는 흔적만 남게 된다. 우주의식과 하나가 된다는 것은 의식 자체가 된다는 것이며, 이를 순수의식이라고 한다. 에고는 속죄소에서 최후의 죽음을 맞는다. 그리고 다시는 나타나지 않는다.

2) 이원성

성경에서 육의 세계는 땅,[30] 세상으로[31] 불린다. 육에 속한 사

성을 쌓고 그의 아들의 이름으로 성을 이름하여 에녹이라 하니라

[30] (마 18:18)진실로 너희에게 이르노니 무엇이든지 너희가 땅에서 매면 하늘에서도 매일 것이요 무엇이든지 땅에서 풀면 하늘에서도 풀리리라

[31] (요19)너희가 세상에 속하였으면 세상이 자기의 것을 사랑할 것이나 너희는 세상에 속한 자가 아니요 도리어 내가 너희를 세상에서 택하였기 때문에 세상이 너희를 미워하느니라
    (요일 2:15)이 세상이나 세상에 있는 것들을 사랑하지 말라 누구

람들은 당연히 구원받아야 할 대상들이다. 그리하여 육에 속한 사람들을 죄인이라고 부른다.[32] 죄인인 나를 영성에서는 에고ego라고 말한다. 이를 구별하여 의식 수준이 낮은 것을 낮은 자아ego, 의식 수준이 높은 것을 높은 자아ego라고도 하는데, 의미 없다. 도토리 키 재기다. 여전히 에고다. 육의 세계의 특징, 즉 에고의 특징을 크게 둘로 나누어 설명하고자 한다. 분리를 기반으로 하는 이원성과 이 이원성으로 인해 필연적으로 생겨나는 시간과 공간이라는 개념이다.

두려움

에고의 목표는 생존에 있다. 생존 앞에서 모든 인간은 두려움을 느낀다. 죽음이 두렵지 않은 사람이 어디 있는가? 에고의 세계를 떠받치고 있는 것이 이 두려움이다. 두려움으로 인해 사람들은 자신의 생존에 유리한 지, 불리한 지를 재빨리 판단해야만 한다. 유리하면 좋다고 하고, 불리하면 나쁘다고 한다. 자신에게 도움이 되

든지 세상을 사랑하면 아버지의 사랑이 그 안에 있지 아니하니
32) (롬 3:9)그러면 어떠하냐 우리는 나으냐 결코 아니라 유대인이나 헬라인이나 다 죄 아래에 있다고 우리가 이미 선언하였느니라 (롬 10)기록된바 의인은 없나니 하나도 없으며 (롬11)깨닫는 자도 없고 하나님을 찾는 자도 없고 (롬12)다 치우쳐 함께 무익하게 되고 선을 행하는 자는 없나니 하나도 없도다

는 사람은 친구요, 사랑하는 사람이라고 가까이 한다. 해가 되는 사람은 적이요, 원수라고 하여 피한다. 인간의 모든 행위는 이 에고의 생존게임인 것이다. 인생은 에고놀이다.

이 두려움에 대해서 성경은 매우 자세하게 설명한다. 아담과 하와가 선악을 알게 하는 나무의 열매를 따 먹고 난 뒤, 두려워서 숨는다.[33] "선과 악을 알다"는 말은 좋고 나쁨을 구별하게 되었다는 말이다. 즉 모든 것을 이원적으로, 둘로 보게 됐다는 것이다. 둘로 보게 될 때 인간이 가지는 감정이 두려움이다. 이리하여 인간은 육이 되었다.[34] 수명이 120년이 되었다는 말은 120년을 산다는 말이 아니라, 시간과 공간의 한계 속에서 살아가야 하는 허무한 존재가 되었다는 말이다.

---

33) (창 3:5)너희가 그것을 먹는 날에는 너희 눈이 밝아져 하나님과 같이 되어 선악을 알 줄 하나님이 아심이니라 (창6)여자가 그 나무를 본즉 먹음직도 하고 보암직도 하고 지혜롭게 할 만큼 탐스럽기도 한 나무인지라 여자가 그 열매를 따먹고 자기와 함께 있는 남편에게도 주매 그도 먹은지라 (창7)이에 그들의 눈이 밝아져 자기들이 벗은 줄을 알고 무화과나무 잎을 엮어 치마로 삼았더라 (창8)그들이 그 날 바람이 불 때 동산에 거니시는 여호와 하나님의 소리를 듣고 아담과 그의 아내가 여호와 하나님의 낯을 피하여 동산 나무 사이에 숨은지라 (창9)여호와 하나님이 아담을 부르시며 그에게 이르시되 네가 어디 있느냐 (창10)이르되 내가 동산에서 하나님의 소리를 듣고 내가 벗었으므로 두려워하여 숨었나이다
  (창 4:13)가인이 여호와께 아뢰되 내 죄벌이 지기가 너무 무거우니이다 (창14)주께서 오늘 이 지면에서 나를 쫓아내시온즉 내가 주의 낯을 뵈옵지 못하리니 내가 땅에서 피하며 유리하는 자가 될지라 무릇 나를 만나는 자마다 나를 죽이겠나이다
34) (창 6:3)여호와께서 이르시되 나의 영이 영원히 사람과 함께 하지 아니하리니 이는 그들이 육신이 됨이라 그러나 그들의 날은 백이십 년이 되리라 하시니라

인간은 존재의 사라짐, 즉 허무에 대한 두려움을 늘 가지게 되었고, 그때 신앙의 사람과 불신앙의 사람과의 차이가 생겨났다. 아담의 후손들, 즉 신앙의 후손들은 허무를 느낄 때 하나님을 찾는다.[35] 하지만 가인은 죽음의 두려움 앞에서 스스로를 보호하고자 성을 쌓는다.[36]

성경은 에고의 세계를 하나님의 이름을 부르며 믿음으로 벗어나고자 하는 사람들을 아담의 후손이라고 한다. 이는 바울도 그렇게 말한다.[37] 그러나 가인의 후손은 다르다. 그들은 스스로 자신의 힘으로 두려움을 극복하려는 자들이다. 하나님 앞에서 하나님 없이 사는 자들이다.

왜 사람들이 돈을 많이 벌려고 그렇게 애쓰는가? 하루 옷 한 벌, 밥 세끼면 족한데 왜 지금 필요하지도 않은 돈을 그렇게 많이 벌려고 하는가? 그것은 미래가 두렵기 때문이다. 미래의 생존에 유리하다고 생각하기에 그렇게 돈을 벌어대는 것이다.

사람들이 왜 권력이나 지위에 집착하는가? 높은 지위나 권력이 자신의 생존에 유리하다고 믿기 때문이다. 임금도 거지도 모두 밥 먹고 산다. 살아있는 사람은 누구나 생존 유지에 필요한 모든 것

---

35) (창 4:26)셋도 아들을 낳고 그의 이름을 에노스라 하였으며 그 때에 사람들이 비로소 여호와의 이름을 불렀더라
36) (창 4:17)아내와 동침하매 그가 임신하여 에녹을 낳은지라 가인이 성을 쌓고 그의 아들의 이름으로 성을 이름하여 에녹이라 하니라
37) (롬 4:16)그러므로 상속자가 되는 그것이 은혜에 속하기 위하여 믿음으로 되나니 이는 그 약속을 그 모든 후손에게 굳게 하려 하심이라 율법에 속한 자에게 뿐만 아니라 아브라함의 믿음에 속한 자에게도 그러하니 아브라함은 우리 모든 사람의 조상이라

들이 주어져 있다. 그래서 살아있는 것이다.[38]

사람들은 왜 사랑하는 사람들에게 집착하는가? 정서적으로나 경제적으로 또는 설명할 수 없는 그 어떤 이유로 그 사람이 필요하기에 사랑하는 것이다. 그 사랑이 주는 유형, 무형의 이익이 사라질까봐 그에게 집착을 하는 것이다. 적어도 함께 사는 것이 없는 것보다 낫다는 판단이 섰을 경우 우리는 그와 함께 한다. 그가 없으면 외롭고 괴롭다. 이 감정의 근간은 두려움이다.

두려움은 죄인들이 느끼는 공통의 감정이다. 이 두려움으로부터 해방되는 것이 구원이다. 그래서 구원은 항상 기쁨과 함께 온다. 두려움이 사라진 상태가 평화다. 두려움을 느끼게 만드는 상대나 대상이 사라질 때 하나님 나라, 즉 기쁨과 평화의 나라가 된다.

쾌락

에고의 목표가 생존에 있기에 모든 인간은 두려움을 느낀다고 하였다. 에고의 세계를 떠받치고 있는 근본이 두려움인데 그 두려움은 아이러니하게도 쾌락을 유발한다.

에고/마음을 들여다보기만 해도 에고는 잠시도 쉬지 않는다는

---

38) (마 6:31)그러므로 염려하여 이르기를 무엇을 먹을까 무엇을 마실까 무엇을 입을까 하지 말라 (마32)이는 다 이방인들이 구하는 것이라 너희 하늘 아버지께서 이 모든 것이 너희에게 있어야 할 줄을 아시느니라

것을 쉽게 알 수 있다. 실제 생활에 필요한 생각은 극히 일부분이고 나머지는 현실성 없는 온갖 피해망상과 과대망상, 끊임없이 흘러나오는 노랫소리, 잔뜩 부풀은 풍선처럼 미래를 향한 환상들, 소중하다고 여기는 과거의 회상들, 슬픈 기억들 등등으로 늘 시끄럽다.

왜 그런가? 에고는 잠시라도 쉬는 것을 하지 못할까? 명상에 들라치면 왜 끊임없이 생각들이 올라오는가? 에고는 생존을 확인하고 싶어 하기 때문이다. 에고는 가만히 있는 것이 자신이 소멸되어 간다고 믿기 때문이다.

에고는 몸이든, 마음이나 생각이든 끊임없이 움직여 자신이 살아있음을 확인하려 한다. 이를 나는 생존감이라고 부른다. 생존감을 유지하기 위해 에고는 망상이든 환상이든, 목숨을 건 모험이 됐든 뭐든지 하려고 한다. 그리고 그 하려는 욕망에 쾌락을 선물한다.

쾌락을 반드시 즐거운 것이라고만 생각해서는 안 된다. 우스꽝스럽게도 에고는 슬픔이나 억울함 등도 즐긴다. 잊으려 해도 잊히지 않는 슬픈 기억들이나 사무치게 억울한 기억들은 쉽게 잊히지 않는다. 분명히 그런 기억들에서 해방되어야 한다는 것을 알면서도 그러지 못한다. 왜 그럴까? 그것은 에고가 그런 기억들을 생존감으로 이용하기 때문이다. 이를 잘 설명해주는 것이 이른바 피해자놀이다.

가해자와 피해자 둘 중에 어느 편이 생존에 유리하다고 생각하

는가? 당연히 피해자다. 가해자로 낙인찍히면 사회로부터 비난을
받게 되는 것은 물론 민형사상의 책임도 져야 한다. 그러기에 이
사회에는 피해자만, 억울한 사람만 가득한 것이다. 가해자도 자신
도 일부 피해를 봤다고, 어쩔 수 없었다고 변명하며 조금이나마
가해 사실을 줄이려고 노력한다.

피해자놀이의 근간을 떠받치고 있는 것이 생존감이다. 이 생존
감은 두려움과 더불어 쾌락을 담보로 하고 있다. 생존감을 확인하
기 위해 에고는 자만심, 만용, 과잉충성, 과잉헌신, 분노, 피해자놀
이, 우울증이나 질병, 하다못해 목숨을 건 모험이나 마약, 성폭행,
도박까지 서슴지 않는다. 그리고 이런 것들에 에고는 기꺼이 쾌락
을 제공한다.

분리

에고의 사고체계의 특징은 모든 것을 둘로 본다는 것이다. 보는
내가 있고 보이는 대상이 있다. 나와 다른 대상을 가정하여 본다
는 말이다. 성경도 이에 대해 친절하게 말한다. 선악을 알기 전에
는 하나로 보지만 선악을 알게 된 후에는 둘로 분리되었다는 것이
다.

아담에게 하와를 하나님이 데리고 오셨을 때, 아담은 탄성을 지

르며 이렇게 말한다. "이는 내 뼈 중의 뼈요 살 중의 살이라."[39] 하와는 남이 아니라, 나라는 것이다. 아담과 하와는 둘이 아니라 하나다.

하지만 선악을 알게 된 후에는 어떻게 변했는가?[40] 하나님이 아담에게 왜 선악을 알게 하는 나무의 열매를 먹었느냐고 물으시자 아담은 "하나님이 주셔서 나와 함께 하게 하신 여자가 줘서 먹었습니다."라고 변명한다. 선악을 알게 된 후에는 하와가 대상이 된 것이다. 하나였던, 나였던 하와가 이제는 그 여자가 된 것이다.

이번에 하와에게 물으시자 하와는 뱀이 꾀어서 먹었다고 말한다.[41] 뒤이어 하나님은 뱀에게 저주하시고 아담과 하와에게 각각 벌을 내리신다.[42] 하나 안에는 분리나 대상이 없음으로 벌주는 하

---

39) (창 2:21)여호와 하나님이 아담을 깊이 잠들게 하시니 잠들매 그가 그 갈빗대 하나를 취하고 살로 대신 채우시고 (창22)여호와 하나님이 아담에게서 취하신 그 갈빗대로 여자를 만드시고 그를 아담에게로 이끌어 오시니 (창23)아담이 이르되 이는 내 뼈 중의 뼈요 살 중의 살이라 이것을 남자에게서 취하였은즉 여자라 부르리라 하니라 (창24)이러므로 남자가 부모를 떠나 그의 아내와 합하여 둘이 한 몸을 이룰지로다 (창25)아담과 그의 아내 두 사람이 벌거벗었으나 부끄러워하지 아니하니라
40) (창 3:11)이르시되 누가 너의 벗었음을 네게 알렸느냐 내가 네게 먹지 말라 명한 그 나무 열매를 네가 먹었느냐 (창12)아담이 이르되 하나님이 주셔서 나와 함께 있게 하신 여자 그가 그 나무 열매를 내게 주므로 내가 먹었나이다
41) (창 3:13)여호와 하나님이 여자에게 이르시되 네가 어찌하여 이렇게 하였느냐 여자가 이르되 뱀이 나를 꾀므로 내가 먹었나이다
42) (창 3:14)여호와 하나님이 뱀에게 이르시되 네가 이렇게 하였으니 네가 모든 가축과 들의 모든 짐승보다 더욱 저주를 받아 배로 다니고 살아 있는 동안 흙을 먹을지니라 (창15)내가 너로 여자와 원수가 되게 하고 네 후손도 여자의 후손과 원수가 되게 하리니 여

나님은 존재하지 않는다. 성경에서 말하고자 하는 것은 육이 된 인간, 즉 에고는 인간과 인간, 인간과 자연, 인간과 하나님을 분리해서 본다는 점을 말하려는 것이다. 분리된 인간, 모든 것을 내가 아닌 남으로 대상화시켜 보는 인간에게는 수고와 애씀이 필연적으로 뒤따르며, 죽음이라는 한계 속에서 살아가는 존재가 된다.

인간은 자신 외의 모든 대상을 좋음/나쁨, 있음/없음, 유리/불리, 아름다움/추함, 앎/모름, 지혜로움/어리석음 등 대립쌍으로 나눈다. 심지어 반대말이 있을 수 없는 사랑이나 진리에게도 대립쌍을 적용시킨다. 사랑/미움, 진리/거짓 등이다.

하나님도 대립쌍으로 인식하여 하나님/우상, 참 신/거짓 신 등이 된다. 둘은 필연적으로 비교와 판단을 요구한다. 모든 것에 의미를 부여하고 의미에 맞는 이름을 붙인다. 에고가 이렇게 의미를 부여하고 대상화하는 것은 자신의 생존이 최우선이기 때문이다.

생존을 위해서는 아군과 적군을 구별해야 한다. 분리는 대립을 낳기에 분리는 필연적으로 비교, 분석, 판단하는 과정 속에서 갈등

자의 후손은 네 머리를 상하게 할 것이요 너는 그의 발꿈치를 상하게 할 것이니라 하시고 (창16)또 여자에게 이르시되 내가 네게 임신하는 고통을 크게 더하리니 네가 수고하고 자식을 낳을 것이며 너는 남편을 원하고 남편은 너를 다스릴 것이니라 하시고 (창17)아담에게 이르시되 네가 네 아내의 말을 듣고 내가 네게 먹지 말라 한 나무의 열매를 먹었은즉 땅은 너로 말미암아 저주를 받고 너는 네 평생에 수고하여야 그 소산을 먹으리라 (창18)땅이 네게 가시덤불과 엉겅퀴를 낼 것이라 네가 먹을 것은 밭의 채소인즉 (창19)네가 흙으로 돌아갈 때까지 얼굴에 땀을 흘려야 먹을 것을 먹으리니 네가 그것에서 취함을 입었음이라 너는 흙이니 흙으로 돌아갈 것이니라 하시니라

을 유발하고 갈등은 두려움을 내포한다. 그 두려움을 상쇄하고자 우리는 상대에 대한 분석을 철저히 한다.

우리가 누구를 처음 만났다고 하자. 무슨 대화를 하는가? 처음에는 날씨 등과 같이 의미 없는 주제로 시작하지만 조금 지나면 남자들은 축구나 정치이야기 등을 한다. 여자들은 드라마나 화장, 헤어스타일 등을 주제로 이야기를 한다. 서로의 공통된 주제를 찾기 위한 탐색전이다. 그런 다음 서로 자신의 이야기를 섞어 대화를 전개해 나간다. 이러면서 에고는 재빨리 속으로 상대가 아군인지 적군인지를 파악한다. 서로 마음이 맞고 이해관계가 어울리면 친구라 하고, 마음이 불편해지면 적군이 된다. 다시 안 만나면 그만이다. 철저하게 분리된 둘이다. 대상과 대상의 만남이다.

자연이나 사회에 대해서도 마찬가지다. 자연을 대상화하기에 우리는 자연에 대해 연구를 많이 한다. 그리하여 일기예보 등으로 자연을 예측하고 평가한다. 적당하게 필요한 만큼 비가 내리면 좋다고 하고, 태풍이나 집중호우가 내리면 피해가 크므로 나쁘다고 말한다. 태풍은 자신의 이름이 태풍인 줄도 모르거니와 왜 바람이 세게 부른지도 모른다. 그저 자연적으로 그렇게 할 뿐이다. 그저 비일 뿐인데 그것을 분리시켜 좋다/나쁘다로 판단하는 것이 에고다.

사회나 경제 예측도 그렇다. 한치 앞도 모르는 인간이 장기 계획을 세우고 나쁘다/좋다로 판단하여 미리 좋아하거나 우울해 한다. 철저하게 분리된 둘이다. 개인들도 그렇다. 평소에 무슨 생각을 하는지 생각을 들여다봐라. 거기에는 온갖 추측이 난무하고 각종 계획을 세우느라 분주하다.

에고는 하나님도 대상화시킨다. 앞에서 하나님은 완전한 분이기에 하나님은 없는 곳이 없다고 하였다. 그렇다면 하나님은 결코 대상화될 수 없는 존재다. 그럼에도 에고는 하나님을 나와 분리시켜 나와 다른, 내 밖에 어딘가에 있는 하나님으로 간주한다. 십계명에서 나 외에 다른 신이 없다고 하신 말씀은 하나님밖에 없다는 뜻이다. 우상을 만들어 섬기지 말라는 말씀은 하나님을 대상화하지 말라는 것이다.[43]

그런데 우리는 자신의 계획대로 되지 않거나 절박한 어떤 상황에 맞닥뜨리면 마치 하나님이 없는 것처럼 생각한다. 온 우주에 하나님 없는 곳이 없건만 복 주시는 하나님이 따로 있는 것처럼 말한다. 대상으로서의 하나님은 없다. 나와 분리된 하나님은 에고의 사고체계 속에만 존재하는 허상이다. 대상으로서의 하나님이 바로 우상이다.

유대교는 하나님을 당시 주변 종교들에서 하는 식으로 인격화시켰다. 하나님을 인격화하면 필연적으로 하나님은 대상이 되고 만다. 인격화된 하나님은 죄를 지으면 벌을 주고 심판하시는 하나님이 된다. 이원성이다. 둘이다. 벌을 주는 하나님과 벌 받는 죄인,

---

43) (출 20:3)너는 나 외에는 다른 신들을 네게 두지 말라 (출4)너를 위하여 새긴 우상을 만들지 말고 또 위로 하늘에 있는 것이나 아래로 땅에 있는 것이나 땅 아래 물속에 있는 것의 어떤 형상도 만들지 말며 (출5)그것들에게 절하지 말며 그것들을 섬기지 말라

이렇게 둘이다.

우리는 유대교인이 아니다. 우리는 그리스도이신 예수께서 주신 가르침을 따라 사는 자들이다. 주께서는 하나이신, 우리와 함께 하시는 아버지로서의 사랑의 하나님을 가르쳐 주셨다. 대상이 아니라, 하나다.[44] 아버지, 또는 하나님이라는 호칭은 대상으로서의 하나님을 말하는 것이 아니라, 하나로서의 하나님을 편의상 그렇게 부르는 것일 뿐이다.

이름을 망령되이 부르지 마라는 것은 이름을 부르는 순간 대상이 되기 때문이다.[45] 예를 들어 우리가 사과를 사과라고 부르는 순간 그것만 사과이고 다른 것은 결코 사과일 수 없다. 사과는 자신이 사과인 줄 모른다. 사람들이 그것을 대상화시켜 나와 다른 것으로 만든 것이다.

하나님을 하나님이라고 하는 순간 이 세상에서 하나님만 하나님이고 나머지는 하나님이 될 수 없다. 우리는 앞에서 하나님 아닌

---

44) (요 10:30)나와 아버지는 하나이니라 하신대
　(요 17:21)아버지여, 아버지께서 내 안에, 내가 아버지 안에 있는 것 같이 그들도 다 하나가 되어 우리 안에 있게 하사 세상으로 아버지께서 나를 보내신 것을 믿게 하옵소서 (요22)내게 주신 영광을 내가 그들에게 주었사오니 이는 우리가 하나가 된 것 같이 그들도 하나가 되게 하려 함이니이다 (요23)곧 내가 그들 안에 있고 아버지께서 내 안에 계시어 그들로 온전함을 이루어 하나가 되게 하려 함은 아버지께서 나를 보내신 것과 또 나를 사랑하심 같이 그들도 사랑하신 것을 세상으로 알게 하려 함이로소이다
45) (출 20:7)너는 네 하나님 여호와의 이름을 망령되게 부르지 말라 여호와는 그의 이름을 망령되게 부르는 자를 죄 없다 하지 아니하리라

것이 없다고 하였다. 만약에 하나님이 아닌 것이 있다면 거기에는 하나님이 존재하지 않는다. 이는 하나님의 완전성에 위배된다. 모세가 하나님께 이름을 묻자 하나님은 그저 스스로 있는 자라고만 하셨다.[46] 스스로 있는 자는 존재 그 자체로 전부이자 하나다.

3) 시간과 공간

에고의 사고체계는 분리된 관점으로 즉, 이원적으로 모든 대상을 파악하기 때문에 시간과 공간이 반드시 필요하다. 어거스틴은 순진하게도 하나님이 시간을 창조하셨다고 말했지만 그것은 사실이 아니다. 단지 그는 넷째 날 해와 달을 창조하셨기에 그렇게 전통적으로 표현한 것이라고 생각된다.[47]

사전적 의미로는 시간이란 시각과 시각 사이의 간격 또는 그 단위를 일컫는 말이다. 하지만 시간은 공간의 변화를 계측하여 일정한 간격으로 나눈 것이라고 해야 보다 정확하다.

고대인들은 달, 태양의 위치나 별자리의 위치를 가지고 시간을 측정하기 시작했다. 시간은 12진법을 사용하는데 이는 태양이 지

---

46) (출 3:14)하나님이 모세에게 이르시되 나는 스스로 있는 자이니라 또 이르시되 너는 이스라엘 자손에게 이같이 이르기를 스스로 있는 자가 나를 너희에게 보내셨다 하라

47) (창 1:14)하나님이 이르시되 하늘의 궁창에 광명체들이 있어 낮과 밤을 나뉘게 하고 그것들로 징조와 계절과 날과 해를 이루게 하라

나가는 길인 황도에 12개의 구별된 별자리가 있기에 그것을 기준으로 시간을 12로 나누어 계산한 것에서 유래한다. 1년이 12달이고 하루도 오전 오후 각각 12시간이다. 동양에서는 12지간으로 하루를 12시간으로 나눈다. 공간의 변화를 측정한 것이 시간이다.

왜 인간에게 공간이 필요한가? 그것은 나와 너, 나와 우주만물을 둘로 보기 때문이다. 대상을 구별하려면 필연적으로 대상과 나 사이의 공간이 있어야 한다. 내가 바라보는 대상이 여럿이면 대상과 대상을 구별하기 위해 대상과 대상 사이의 공간이 있어야 한다. 그리하여 사과는 사과만큼의 공간이 필요하고, 바나나는 바나나만큼의 공간이 있어야 한다. 내 땅과 다른 사람의 땅을 구별하기 위해서는 지구에 있지도 않은 금을 그어야 한다.

인간에게 있어서 시간과 공간은 한 개념이다. 한 시간에 100Km를 간다고 하면 이를 100Km/h로 표기한다. 시간과 공간을 합쳐 아예 시공간이라고 말한다.

인간은 왜 시공간이 있다고 철석같이 믿는가? 이 역시 둘로 보기 때문이다. 우리가 보는 모든 만물은 항상 변한다. 한결같은 것은 없다. 무상無常한 세계다. 우리는 시간을 볼 수 없다. 다만 대상이 차지하고 있는 공간만을 볼 뿐이다. 그런데 이 공간이 쉴 새 없이 움직이고 변한다. 인간은 이 변화를 측정하여 특정 시점에 고정시키려고 한다. 역사란 그런 것이다. 그때 그 일은 역사상 특정 시점에만 있는 것으로 반복되지 않는다.

또한 시간을 측정하는 기준이 저마다 다르고 나라마다 다르면

엄청난 혼란이 올 것이다. 그리하여 전 세계적으로 시간을 통일하여 사용하는 것이다. 그러므로 시간이란 공간의 변화를 지각하기 위한 인간의 공통된 규칙으로 인간의 생존의 편리성을 위해 인간이 고안해 낸 것이라고 말할 수 있다.

선형적 시간

인간은 시간을 대략 두 가지 방법으로 인식한다. 선형적인 방법과 비선형적인 방법이다. 선형적 시간은 우리가 흔히 사용하는 년, 월, 일, 시, 분, 초 등으로 측정 가능하고 그 간격도 국제규격에 맞게 늘 일정한 시간을 말한다.[48]

비선형적 시간은 우리가 시간의 흐름을 잊었을 때의 시간을 말한다. 흔한 예를 들면 우리가 정말 사랑하는 사람과 함께 있을 때는 시간이 언제 어떻게 지나갔는지 모른다. 깊은 명상을 할 때도 그렇다. 나는 이럴 때 시간이 뭉텅뭉텅 지나간다고 말한다. 그러나 이는 일시적인 것이다. 진정한 비선형적 시간이 되려면 그것은 영원에서만 가능하다.[49]

---

48) (눅 1:57)엘리사벳이 해산할 기한(크노로스)이 차서 아들을 낳으니
   (히 11:32)내가 무슨 말을 더 하리요 기드온, 바락, 삼손, 입다, 다윗 및 사무엘과 선지자들의 일을 말하려면 내게 시간(크로노스)이 부족하리로다

인간은 시간을 선형적으로 길게 생각한다. 과거, 현재, 미래로 시간을 설정한다. 그리고 그 미래는 끝없이 이어진다고 믿는다. 인간은 끊임없이 과거를 회상하고, 미래를 예측하느라 쉴 틈이 없다. 시간의 속성은 허무다. 과거는 되돌릴 수 없기에 모든 과거를 회상하는 것은 아무 쓸모가 없다. 그럼에도 과거에서 교훈을 얻기라고 하는 것처럼 과거를 되돌아본다.

이미 흘러간 과거를 잊지 못해 괴로워한다. 좋았던 과거를 기억해 내고는 잠시 위안을 받는다. 다 부질없다. 이미 과거는 흘러갔고 되돌아오지 않는다. 과거는 없는 것처럼 사는 것이 행복의 비결임에도 과거를 떨쳐 보내지 못한다. 불쌍하고 허무한 죄인들이다.

과거의 속성이 허무라면 미래의 속성은 불확실성이다. 온갖 방법을 다 동원하여 미래를 예측하고자 해도 세상은 예측대로 돌아가지 않는다. 생존에 유리한 길을 찾으려 하지만 그것이 정말 유리한 것인지 그 결과는 아무도 모른다. 이에 대해 성경은 하나님이 인간에게 그런 능력을 주신 적이 없다고 단적으로 말한다.50)

뭐가 선인지, 뭐가 악인지 모른다. 지금은 좋다고 하지만 그것이

---

49) (막1:15)이르시되 때(카이로스)가 찼고 하나님의 나라가 가까이 왔으니 회개하고 복음을 믿으라 하시더라
50) (전 3:11)하나님이 모든 것을 지으시되 때를 따라 아름답게 하셨고 또 사람들에게는 영원을 사모하는 마음을 주셨느니라 그러나 하나님이 하시는 일의 시종을 사람으로 측량할 수 없게 하셨도다 (잠 27:1)너는 내일 일을 자랑하지 말라 하루 동안에 무슨 일이 일어날는지 네가 알 수 없음이니라

내일 어떻게 될지 아무도 모른다.[51] 그럼에도 밤잠을 못 이루면서까지 미래를 위해 고민한다. 불안하기 때문이다. 과거처럼 미래도 없는 것처럼 사는 것이 행복한 삶이다.

어거스틴은 그의 『고백록』에서 인간이 살아가는 시간은 오직 현재라고 했다. 과거나 미래도 현재에 존재하는 것이지 따로 존재하는 것은 아니라고 말했다. 과거는 과거로서 존재하는 것이 아니라, 현재 내가 과거를 기억해 낼 때에만 존재한다. 그리하여 과거를 '기억되는 현재'라고 불렀다. 미래도 마찬가지로 미래 그 자체로서 존재하는 것이 아니라, 지금 현재 내가 미래의 어느 특정 순간을 생각할 때에만 존재한다. 미래는 '기대되는 현재'다.

인간은 현재만을 살아간다. 하지만 에고/인간은 결코 현재를 살아가지 못한다. 그것은 에고 때문이다. 인간이 현재 순간에 무엇을 보았다고 하자. 그때 인간에게는 순간적으로 지연 현상이 일어난다. 대략 1/10,000초라고 한다. 예를 들면 사과를 볼 때 인간은 현재 그 순간을 보는 것이 아니라, 그것을 재빨리 대상화시켜 그것이 사과라고 인식하는 것이다. 인식하고 그것에 의미를 부여하는 1/10,000초의 시간이 필요하다.

---

51) (전 6:12)헛된 생명의 모든 날을 그림자 같이 보내는 일평생에 사람에게 무엇이 낙인지를 누가 알며 그 후에 해 아래에서 무슨 일이 있을 것을 누가 능히 그에게 고하리요
　(눅 12:19)또 내가 내 영혼에게 이르되 영혼아 여러 해 쓸 물건을 많이 쌓아 두었으니 평안히 쉬고 먹고 마시고 즐거워하자 하리라 하되 (눅20)하나님은 이르시되 어리석은 자여 오늘 밤에 네 영혼을 도로 찾으리니 그러면 네 준비한 것이 누구의 것이 되겠느냐 하셨으니

그러기에 인간은 늘 현재를 살면서도 현재가 아닌 과거를 산다. 인간이 사물을 대상화시켜 보기에 인간은 그것의 진면목을 보지 못하는 것이다. 따라서 인간은 항상 현재인 영원한 나라, 하나님 나라에 들어가지 못하는 것이다. 하나는 대상이 없기에 그것의 의미도 없고 의미를 찾는 시간의 지연도 없다. 매 순간이 그냥 그것이다. 그때가 영원한 현재다.

원인과 결과

인간이 모든 사물을 나와 분리시켜 대상화하기에 시공간이 필연적이라 했다. 이 시공간 안에서는 항상 인과因果가 발생한다. 어떤 사물이나 사건의 시작점을 우리는 원인이라 부르고 그 끝점을 결과라고 한다. 선형적 시공간의 세계에서는 모든 것이 연속적으로 일어나기에 어떤 두 개의 특정 시점을 선택해야 한다. 이 두 특정 시점 사이에 있는 것이 시공간이다. 그 안에서 일어나는 모든 일은 항상 이것이 있음으로 저것이 있는 것이다.

인간사회가 시끄러운 것은 원인과 결과로 모든 것을 분석하고 판단하는 에고의 습성 때문이다. 사건이 터지면 원인 규명을 위해 전문가들이 나선다. 그에 따라 책임 소재를 밝혀 책임자를 처벌하고 피해자에게 보상을 함으로 매듭짓는다. 물론 관계당국의 재발

방지 약속도 뒤를 잇는다. 에고의 입장에서 보면 이렇게 함으로 사회가 이전보다 좋아진다고 여길 것이다. 하지만 사건 사고는 늘 있다. 모양만 바뀔 뿐이다.

방파제를 높이 쌓는다고 태풍이 없어지는 것은 아니다. 풍년이 들었다고 근심 걱정이 사라지는 것이 아니다. 정권이 바뀌었다고 태평성대가 온 적이 있는가? 설사 태평성대가 왔다고 해도 한숨은 사라지지 않는다. 그때 잠시 반짝 해가 떴을 뿐이다. 비가 와도 걱정, 안 와도 걱정이다. 다 에고 놀음이다.[52]

시공간 안에서 모든 것을 나와 분리시켜 대상화할 때 원인과 결과는 필연이다. 에고는 자신의 생존에 유리하도록 원인을 조작하려는 노력을 계속한다. 이것이 우리의 인생을 너무나 힘들게 하는 요인이다. 자연은 결과에 연연하지 않기에 원인에 집착하지 않는다. 그저 주어지는 대로 그 자리에 있을 뿐이다.

오직 인간의 에고만이 존재하지도 않고 경험할 수도 없는 미래의 결과를 상정하고 그 미래에 장밋빛 색을 칠한다. 그리고는 우리를 닦달한다. 좋은 결과를 원하는가? 그렇다면 원인에 충실해라. 더 열심히 일하고, 더 노력하라. 더, 더, 더.

원인과 결과는 인간의 신념체계일 뿐이다. 에고의 상투적인 방법이기도 하다. 기독교 신자라면 누구나 원인과 결과에 의해 이 세상이 돌아가지 않는다는 것을 믿는다. 만약에 원인과 결과로 세

---

52) (전 1:14)내가 해 아래에서 행하는 모든 일을 보았노라 보라 모두 다 헛되어 바람을 잡으려는 것이로다

상이 움직인다면 기도도 필요 없다. 그저 모든 것이 원인과 결과에 의해 결정된다면 기도한다고 세상이 바뀌지 않을 테니 말이다.

은혜라는 말은 원인과 상관이 없다. 그저 하나님의 은혜는 원인 없이 주어지는 결과이기 때문이다. 그러한 결과를 받을만한 자격도 없지만, 그런 결과를 받을만한 원인을 제공한 적이 없지만 하나님의 은혜로 그런 결과를 가져왔으니 그저 감사할 뿐이다.

하나님의 나라는 원인과 결과가 없다. 그 나라에 들어가기 위해 그럴만한 원인이 필요하지도 않다. 나는 아무것도 할 필요가 없다. 그저 초대에 응하기만 하면 된다. 하나님의 나라는 오직 결과만이 존재한다. 그냥 그것이다.

원인과 결과라는 에고의 세계, 육의 세계에서 벗어나는 길이 있다. 그것이 복음이다. 그리스도이신 예수님이다.[53]

3. 영의 세계

이제까지 육의 세계에 대해 이야기했다. 이제부터는 영의 세계에 대해 말할 차례다. 앞서 영의 세계와 육의 세계는 전혀 다른 것이라고 했다. 성경이 하늘과 땅으로 각각의 세계를 표현한 것만

---

53) (요 14:6)예수께서 이르시되 내가 곧 길이요 진리요 생명이니 나로 말미암지 않고는 아버지께로 올 자가 없느니라

봐도 알 수 있다. 이 세상과 하나님 나라는 완전히 다르다.

바울도 육의 생각은 사망이요, 영의 생각은 생명과 평화라고 말했다. 또한 육의 생각은 하나님과 원수가 된다고 했다.[54] 그리스도이신 예수께서도 내 나라, 즉 하나님의 나라는 이 세상에 속한 것이 아니라고 분명히 말씀하셨다.[55]

다시 말하자면 육의 세계의 사고체계와 영의 세계의 사고체계는 완전히 다르다. 서로 비슷하다면 왜 우리가 구원을 받으려고 하며, 하나님 나라에 들어가려고 애쓰는가? 새 술은 새 부대에 담아야 한다.[56] 영에 대한 지식은 성령의 사고체계에 담아 이해해야지 에고의 사고체계로 이해하려 하면 둘 다 못 쓰게 된다. 모퉁이 돌이 걸려 넘어지게 하는 거치는 돌이 된다.[57]

---

54) (롬 8:6)육신의 생각은 사망이요 영의 생각은 생명과 평안이니라 (롬7)육신의 생각은 하나님과 원수가 되나니 이는 하나님의 법에 굴복하지 아니할 뿐 아니라 할 수도 없음이라

55) (요 18:36)예수께서 대답하시되 내 나라는 이 세상에 속한 것이 아니니라 만일 내 나라가 이 세상에 속한 것이었더라면 내 종들이 싸워 나로 유대인들에게 넘겨지지 않게 하였으리라 이제 내 나라는 여기에 속한 것이 아니니라

56) (막 2:21)생베 조각을 낡은 옷에 붙이는 자가 없나니 만일 그렇게 하면 기운 새 것이 낡은 그것을 당기어 해어짐이 더하게 되느니라 (막22)새 포도주를 낡은 가죽 부대에 넣는 자가 없나니 만일 그렇게 하면 새 포도주가 부대를 터뜨려 포도주와 부대를 버리게 되리라 오직 새 포도주는 새 부대에 넣느니라 하시니라

57) (벧전 2:7)그러므로 믿는 너희에게는 보배이나 믿지 아니하는 자에게는 건축자들이 버린 그 돌이 모퉁이의 머릿돌이 되고 (벧8)또한 부딪치는 돌과 걸려 넘어지게 하는 바위가 되었다 하였느니라 그들이 말씀을 순종하지 아니하므로 넘어지나니 이는 그들을 이렇게 정하신 것이라

육의 세계는 에고의 사고체계로 모든 것을 본다. 즉, 모든 것을 둘로 본다. 그러기에 나 이외의 것과 나를 분리시켜 대상화하고 각각의 대상에 이름을 붙이고 의미를 부여한다. 하지만 영의 세계는 하나밖에 없다.[58] 하나님밖에 없으므로 하나님 아닌 것이 존재할 수 없다.

또한 진리밖에 없다. 진리 아닌 것은 아예 없다. 그것밖에 없다. 에고의 사고체계에서는 둘로 보기에 시간과 공간이 필요하지만 영의 세계는 시공간이라고 말할 것이 없다. 텅빔과 충만이다. 비었으니 있다고 말할 수 없고, 충만하니 없다고 말할 수도 없다. 인간의 언어로는 표현 불가능한 세계다. 영의 세계는 항상 현재이므로 영원하다.

신앙인들이 흔히 범하는 오류 중 치명적인 것은 인간의 사고체계와 에고의 논리로 하나님을 규정한다는 것이다. 이른바 교리나 대상으로서의 하나님 등이 그렇다. 하나님을 어떻게 인간의 사고체계와 언어로 규정할 수 있겠는가?[59] 교리는 손가락이지 달이 아닌데, 손가락을 달로 철석같이 믿는 어리석음을 쉽게 범하곤 한다.

---

58) (엡 4:3)평안의 매는 줄로 성령이 하나 되게 하신 것을 힘써 지키라 (엡4)몸이 하나요 성령도 한 분이시니 이와 같이 너희가 부르심의 한 소망 안에서 부르심을 받았느니라 (엡5)주도 한 분이시요 믿음도 하나요 세례도 하나요 (엡6)하나님도 한 분이시니 곧 만유의 아버지시라 만유 위에 계시고 만유를 통일하시고 만유 가운데 계시도다
59) (고전 1:25)하나님의 어리석음이 사람보다 지혜롭고 하나님의 약하심이 사람보다 강하니라

에고는 자신이 안다고 말하지만 하나는 알아야할 대상이 없기에 아예 알 것도 없고, 볼 것도 없다.[60] 에고의 세계를 벗어나 영의 세계로 들어가고자 하는 사람은 "나는 아무것도 모른다."는 고백이 선행되지 않으면 안 된다. 그때 성령의 인도하심이 시작된다.

앞서 육의 세계에서 에고의 사고체계를 살펴보았으니 이제는 영의 세계의 특징을 비교해서 볼 것이다. 부디 육의 생각으로 영의 세계를 판단하는 우愚를 범하지 않기를 바란다. 철저히 다르다. 완전히 다른 세계다. 그저 하나님이요, 그것밖에 없다. 사랑이라고밖에 표현할 수 없는 하나요, 완전함이요, 진리 그 자체이며, 영원하다.

1) 나는 무엇인가?

육의 세계에서 "나는 누구인가?"라는 질문을 했다. 누구라는 말은 인간이 만물들과 분리해서 스스로를 인격화한 표현이다. 누구라는 말은 오직 사람에게만 해당된다. 하지만 하나인 영의 세계 안에서는 대상이 없기에 분리된 누구는 존재하지 않는다. 따라서 "나는 무엇인가?"라고 물어야 한다.

앞서 육의 세계에서 표현되어진 나는 내가 아니라고 했다. 이름, 직함, 관계 속에서 불리는 명칭 등 외부에서 나를 표현하는 것들

---

60) (요 9:41)예수께서 이르시되 너희가 맹인이 되었더라면 죄가 없으려니와 본다고 하니 너희 죄가 그대로 있느니라

은 외부의 조건들만 사라지면 함께 사라지기에 진정한 내가 아니다. 그렇다면 지각하고 인식하는 몸은 나인가? 그것도 아니라고 했다. 몸이 나이면 죽을 때 가지고 천국에 가야 하는데 그냥 땅에 버려지지 않는가?

생각하는 주체인 사고체계가 나인가? 그것도 아니다. 사고체계는 학습된 것이지 내 고유의 생각이란 없기 때문이다. 서로의 생각이 다르기에 그렇게 생각하는 나를 나라고 믿는 것뿐이다. 그렇다면 마음이 나인가? 나도 모르는 마음을 어찌 나라고 할 수 있겠는가? 제 멋대로 들고 날뛰는 마음을 통제하지도 못하면서 내 마음이라고 하는 것은 어불성설이다.

의식

몸도 내가 아니고, 생각이나 사고체계도 내가 아니며, 마음도 내가 아니라면 그럼 나는 무엇인가? 육의 세계에서의 일차적인 답변은 "나는 사고체계다."였다. 이는 논리적으로 추론할 때 누구나 대답할 수 있는 말이다. 실제의 우리 생활은 이 사고체계에 의해 행해진다. 하지만 이 사고체계는 개인적이지도 않고 인격적이지도 않은 기존의 학습된 내용에 불과하다는 점을 들어 내가 될 수 없다고 하였다. 그렇다면 나는 무엇인가? 두 번째 대답이 바로 "나는 의식이다."라고 할 수 있다.

의식consciousness이란 말은 참으로 설명하기가 힘들다. 이 단어를 우리는 그저 의식이 '있다', '없다', '의식한다', '의식하지 못한다' 등으로 사용하기 때문이다. 심리학을 공부한 이들은 의식, 개인 무의식, 집단 무의식 등을 말한다. 하지만 이런 의미로 의식을 본다면 그 의식은 육의 세계에 속한 것이다.

영성에서 말하는 의식은 그 모든 것을 포함하는 것이다. 나아가 우주 전체가 이 의식으로부터 나왔지만 그로 인해 변형되지 않는다. 의식은 우주의 모든 일들이 기록되어져 있는 비선형적이고 무한한 에너지를 지닌 하나의 장field이다.

의식을 바둑판에 비유할 수 있다. 두 사람이 바둑을 둔다고 하자. 서로 돌을 가르고 한 수씩 번갈아 놓는다. 대국자가 돌을 그냥 놓는 것이 아니라, 수읽기를 하고 둔다. 즉 자신의 생각에 따라 대국을 운영한다. 바둑이 다 두어지면 돌을 다시 바둑알통에 쓸어 담는다. 바둑돌은 생각에 따라 두어지고, 끝나면 거두지만 바둑판은 여전히 그 자리에 있다.

여기서 바둑돌은 인생이며 바둑판은 의식이다. 우리의 인생은 바둑돌처럼 생각에 따라 왔다간다. 수많은 바둑이 두어졌지만 똑같은 바둑은 없다. 무한대의 가짓수(361! + 패)가 바둑의 경우의 수다. 인생도 똑같은 인생이 없다. 하지만 바둑이 끝나면 바둑돌을 쓸어 담는 것처럼 인생도 수명이 다하면 다시 의식으로 되돌아간다.

의식 안에서 이루어지는 일에도 똑같은 일은 반복되지 않는다. 그저 비슷한 사건들이 마치 옷을 바꿔 입듯이 스쳐지나갈 뿐이다. 우주 안에 똑 같은 사건이나 물건은 없다. 다 다르다. 의식이 무한하고 그 경우의 수도 무한하기 때문이다. 바닷가의 수많은 모래알 중에 똑같은 모래알이 없는 것은 이 의식의 특성이 그렇기 때문이다. 그런데 우리는 바둑의 승부에 따라 울고 웃고 한다. 인생의 흐름에 따라 울고 웃고 한다. 모든 것은 일시적이나 의식은 무한하다.[61]

이번엔 의식을 스크린에 비유해보자. 영화 스크린은 여전히 그 자리에 있지만 우리는 스크린이 아닌 그것에 비친 영상을 본다. 그리고 영화의 내용에 자신의 경험과 상상력을 동원하여 울고, 웃고, 화를 내고, 좌절과 환희 등을 경험한다. 그러나 영화가 끝나면 마치 아무 일도 없었던 것처럼 스크린은 그대로이고 우리는 자리에서 일어나 나간다. 그것뿐이다. 스크린이 의식이요, 그것이 나인데 우리는 에고/마음이 그려낸 허상을 보고 그것이 나인 양 살아간다.

우리의 마음이 그려내는 것을 현실이라고 부르는데 그때의 현실은 어떻게 만들어지는가? 하나의 생각이 만들어지면, 즉 우리가

---

61) (전 1:4)한 세대는 가고 한 세대는 오되 땅은 영원히 있도다 (전 5)해는 뜨고 해는 지되 그 떴던 곳으로 빨리 돌아가고 (전6)바람은 남으로 불다가 북으로 돌아가며 이리 돌며 저리 돌아 바람은 그 불던 곳으로 돌아가고 (전7)모든 강물은 다 바다로 흐르되 바다를 채우지 못하며 강물은 어느 곳으로 흐르든지 그리로 연하여 흐르느니라

생각을 붙잡으면 그 생각 주위로 비슷한 생각들이 모여든다. 그리고 그것이 하나의 에너지 장을 형성하고 어느 순간 임계점을 넘어서게 되면 생각은 현실이 된다. 이것이 끌개장 이론attractor field theory이다. 이 끌개장 이론은 의식의 속성을 잘 대변해준다.

우주의 창조도 의식으로 설명할 수 있다. 어느 한 시점(특이점)에 창조의식이 태동하게 된다. 이 창조의식이 무한대의 에너지를 활용하여 한 순간 우주를 현실화한 것이다. 이것이 창조다. 마치 바둑을 두는 사람의 생각에 따라 돌들이 배열되어 한판의 바둑이 두어지는 것처럼 말이다.

의식의 장에는 인과론이 존재하지 않는다. 현재는 과거의 귀결이 아니다. 모든 것은 서로 끌어당기는 힘, 잠재성의 끌어당기는 힘에 의해 자연 발생한다. 의식의 장 안에는 개인의식이라는 것도 존재하지 않는다. 우리가 개인의식이라고 하는 것은 그때마다 갈아입은 옷이 다른 것을 말한다. 그리고 그것이 서로 다르다고 말하는 것은 안방에서 건넌방으로 건너간 것에 불과하다. 그저 집안에 여전히 있는 것이다.

여전히 하나임에도 다르다고 말하는 것은 에고/마음에서 비롯된 것일 뿐 실제로 그런 것은 아니다. 바둑판에서 바둑을 두는 것이다. 마음에 따라 바둑은 흘러간다. 바둑판은 여전히 그대로다. 스크린 위의 환상은 마음을 따라 움직이지만 스크린은 여전히 그대로다.

바둑판이나 스크린이 하나인 것처럼 의식은 하나다. 이 의식의 장 안에 무한대의 에너지와 우주 전체의 모든 경험과 지식이 하나도 빠짐없이 기록되어 있기에 누구든지 생각만으로 그것을 가져다 쓸 수 있다. 이를 칼 융은 동시성(혹은 공시성, synchronicity)의 원리라고 했다. 부분(개인)이 전체와 연결되는 접점이 있다는 말이다. 개인이 모든 것을 포함하고 있는 전체로서의 의식에 접근하려면 이때의 생각은 하나이어야 한다.

전에부터 믿음을 한생각(한마음)이라고 정의하곤 했는데 내가 믿음을 한생각이라고 말할 때의 믿음과 같은 말이다.62) 한생각이 되면 잠재적 형태로 있던 에너지가 조건과 인연에 따라 서로 어울려 그것이 맞아 떨어지는 순간에 현실이 된다.

해 아래 새 것이 없다.63) 이미 있었던 일이 조건에 따라 다시 나타난 것뿐이다. 모든 것은 한생각에서 비롯되었고 그 생각이 모든 것을 나타나게 한다. 그 생각이 모든 것을 사라지게 한다. 있고 없음은 생각에 따라 반복한다. 여기에 시간은 의미가 없다.

결론적으로 말하자면 이 세상이라 부르든 우주라고 부르든지 간

---

62) (약 1:6)오직 믿음으로 구하고 조금도 의심하지 말라 의심하는 자는 마치 바람에 밀려 요동하는 바다 물결 같으니 (약7)이런 사람은 무엇이든지 주께 얻기를 생각하지 말라 (약8)두 마음을 품어 모든 일에 정함이 없는 자로다
여기서 의심이란 말은 '디아크리노'라는 말로 분리하다, 구별하다는 뜻이다. 이는 믿음이 한마음이라고 할 때 의심은 분리된 마음, 즉 두 마음이다.

63) (전 1:9)이미 있던 것이 후에 다시 있겠고 이미 한 일을 후에 다시 할지라 해 아래에는 새 것이 없나니 (전10)무엇을 가리켜 이르기를 보라 이것이 새 것이라 할 것이 있으랴 우리가 있기 오래 전 세대들에도 이미 있었느니라

에 의식밖에는 없다. 그것이 잠재성을 가진 에너지든 가시적인 형태의 물질이든 간에 모든 것은 의식이다. 인간도 결국 의식이다. "나는 무엇인가?"라는 질문에 대한 답은 "나는 의식이다."이다.

이제까지 주의 깊게 이 글을 읽어 온 독자라면 이렇게 물을 것이다. 그럼 나는 뭐야? 나란 없다는 말인가? 나라고 할 만한 것이 아예 없다는 말인가? 이런 질문을 하는 사람은 제대로 읽은 것이다. 단적으로 말해 내가 생각하는 그런 나는 없다. 그런 나는 단지 내 생각 속에만 있는 것일 뿐이다.

의식은 그 자체로 존재하는 것이 아니다. 의식은 참나의 빛이다. 이 말은 의식 너머에 참나가 있다는 말이다. 의식과 참나를 구별한다는 것이 하나의 세계에서 가능하지 않다. 육체는 마음의 개입을 통한 의식의 도구일 뿐이다.

이 세상에 하나님밖에 없다고 누우가 말해 왔다. 모든 것이 하나님 안에 있으므로 다 하나님이다. 의식도 하나님이다. 하나님도 의식이다. 여기서 마이스터 에크하르트의 말에 주목해야 한다. "하나님God은 활동하십니다. 그러나 신성Godhead은 활동하지 않습니다." 활동하는 하나님은 의식으로서의 하나님이며, 활동하지 않는 하나님은 신성으로서의 하나님이다. 이렇게 말할 수밖에 없다.[64]

---

64) 북송의 철학자 周敦頤의 太極圖說 첫 구절, 無極而太極이란 말과 신성과 의식은 비슷한 의미가 아닌가 생각된다. 무극과 태극을 같다고 볼 것인지, 다르다고 볼 것인지에 대해 儒家的 입장과 道家的 입장이 나뉜다. 태극 안에 음양이 들어 있고 음양 안에 오행과 만물이 들어 있다. 무극은 모든 것이 극에 달해 더 이상 활동하지 않는다.

참나/그리스도

의식은 자체로 존재할 수 없다. 그것을 가능케 하는 무엇인가가 있어야 한다. 의식이 에너지이므로 그 에너지의 원천이 있어야 한다는 말이다. 그것을 우리는 신성Godhead이라고 부른다. 신성은 내재하는 참나로서 우주의 모든 유형, 무형의 모든 것을 합친 것보다 크다. 즉, 부분의 합보다 크다.[65]

신성이라는 말도 인간이 부르는 말이다. 더 이상, 그 너머에 아무것도 없는 그 무엇을 지칭하는 단어다. 이 미지未知의, 알 수도 없고 알려지지도 않는 신성神性의 빛비춤illumination이 있어야 모든 것이 비로소 존재하게 된다.

영성 수행을 할 때 일단 천방지축 날뛰는 마음을 가라앉혀야 한다. 마음이 가라앉으면 하나로 마음이 집중된다. 이때의 집중은 생각이나 마음을 하나로 모으는 것이 아니다. 생각 너머의 생각으로, 그냥 아무 생각 없이 그냥 그것만 있는 상태로 있는 것이다. 생각 없다는 말은 생각은 사라진다는 말이 아니다. 생각은 늘 있다. 하지만 생각을 붙잡지 않기에 생각은 그냥 흘러간다. 붙잡지 않으면 생각은 구체화되지 않는다.

늘 흘러가는 생각에 마음이 동요되지 아니하는 것을 부동심不動

---

65) (요 10:29)그들을 주신 내 아버지는 만물보다 크시매 아무도 아버지 손에서 빼앗을 수 없느니라

心이라고 하는데 이는 마음이 생각 너머로 집중되었다는 것이다. 마음이 집중되기 시작하면 의식이 확장된다. 자신의 몸의 감각으로부터 주변으로, 점점 더 확장하여 마침내 의식과 하나가 된다. 이것을 기독교에서는 합일이라고 부른다.

합일에서는 자아ego가 극도로 진화하여 아주 높은 단계에 이르러 하나님과 하나가 되는 것이다. 순수의식이 된 것이다. 하지만 합일 단계에서는 에고가 사라지는 것처럼 느껴져도 그 상태에서 빠져 나오면 에고는 사라지지 않고 여전히 있다. 그것은 합일이 마지막이 아니라는 뜻이다. 그러기에 의식이 진정한 내가 될 수 없는 것이다. 합일 이후는 뭐라고 할 말이 없다. 그것은 인간의 그 어떤 언어로도 표현할 수 없기 때문이다.

독일의 관념론의 아버지라고 부르는 중세 신비주의 신학자, 마이스터 에크하르트는 그의 말년에 한 설교에서 "지상 최고의 이별은 하나님을 위하여 하나님을 떠나는 것"이라고 했다. 하나님God을 떠나 신성Godhead으로 들어가는 시점을 돌파라고 하였다. 신성으로의 귀환하는 것은 하나님Godhead 안에서 사라지는 것이라고 했다.

바로 이 신성이 모든 것의 근원이며 모든 것이다. 이름을 붙일 수도 없으며 표현할 길도 없다. 모든 것 안에 있으면서도 인간의 인식체계를 넘어서 있으니 있다고 말할 수도 없다. 그렇다고 없는 것도 아니다. 시작이자 끝이다. 이는 처음부터 마지막까지라는 말이 아니다. 하나 안에 시작과 끝이 함께 있어서 도저히 구별할 수도 나눌 수도 없다는 것이다.

신성밖에 없으므로 신성이 바로 나다. 사실 하나인 신성 안에서는 구별이나 분리가 없기에 나라고 할 것도 없다. 하지만 우리가 에고의 나와 구별하기 위해 신성과 하나 된 나를 참나Self라고 부르는 것이다.

예수께서 그리스도가 되셨다는 말은 신성과 하나인 참나가 되셨다는 말이다. 그리하여 그리스도이신 예수라는 말이나 참나이신 예수라는 말은 같은 말이다. 이 참나 안에서 우리는 그리스도와 하나가 된다. 하나님의 아들이 된다. 이 하나 안에는 분리가 없기에 그리스도라고 부를 것도 없고 나라고 부를 것도 없다. 그냥 하나다.

이제까지 우리는 "나는 누구인가?"라는 질문에서 출발하여 이름, 몸, 생각과 사고체계, 마음과 의식을 거쳐 드디어 종착역에 왔다. "나는 누구인가?"라는 질문이 "나는 무엇인가?"로 바뀌고 결국에는 하나, 그것, 신성이 나라는 것을 알았다. 그런데 그것을 아는 순간 나라고 막연하게나마 생각했던 그런 나는 없다는 것도 알게 되었다. 신성이 나라고는 하지만 구별이 없는 하나임의 세계에서 나라고 할 수 있는 것조차 없다. 그저 그것이다.

인간이 할 수 있는 모든 질문은 결국에는 "나는 누구인가?"로 귀착된다. 이 질문은 "나는 무엇인가?"가 되고 이 질문은 결국 "하나님은 무엇인가?"라는 질문과 만나 하나가 되어 사라진다.

우리가 지구라고 부를 때 그 안에 있는 사람, 나무, 산, 바다 등을 모두 포함해서 구분하지 않고 그렇게 부른다. 태양계라고 하면 그 안에 있는 행성과 행성에 딸린 위성 모두를 가리키는 말이다. 우주라고 할 때도 마찬가지로 온 우주 안에 있는 개별적인 것은 고려하지 않고 그냥 우주 자체만을 그렇게 부른다.

몸이라고 하면 팔, 다리, 머리를 포함한 전부를 통칭해서 하는 말이다. 사람이라고 하면 그 몸과 마음, 생각, 사고체계를 총 망라한 인격체personality를 말한다. 의식consciousness이라고 하면 이제까지 말한 우주, 인격체 등 우리가 알고 있는 것과 알지 못하는 그 모든 것을 말한다.

우주 그러면 그 안에 있는 모든 것이 다 우주다. 의식 그러면 그 안에 있는 모든 것이 다 의식이다. 그리고 그것을 가능하게 하는 그 무엇, 신성이라고 부르든 참나라고 부르든 간에 그 안에 다 있다. 그러므로 그 안에 있는 모든 것은 다 신성이다. 그것밖에 없다. 신성 하나밖에 없다. 개별성은 존재하지 않는다.

인격신

이제까지 나는 누구인가로부터 출발하여 신성으로서의 하나님까지 왔다. 그런데 이 책을 읽는 독자들은 매우 어리둥절할 것이다. 그럼 성경이 말하는 하나님은 무엇인가? 기독교는 하나님이 인격신이기에 우리와 교통한다고 믿고 또 그 하나님을 체험하지 않는가? 신성으로서의 하나님은 성경에 나오지 않는 하나님이지 않는가? 그럼 어쩌란 말이냐? 이렇게 질문을 하는 독자라면 훌륭하다. 제대로 읽고 있다는 증거다. 이제부터는 성경을 중심으로 인격신에 대한 이야기를 해보자 한다.

성경, 특히 구약에는 인격적인 하나님이 등장한다. 예를 들면 십계명 중 제2계명에 하나님이 스스로 "나는 질투하는 하나님이다." 라고 말하는 대목이 있다.[66] 이어 우상에게 절하는 자에게는 삼사 대까지 죄를 묻고, 하나님을 사랑하고 계명을 지키는 자에게는 천 대까지 은혜를 베푼다고 하셨다.

후회하시는 하나님,[67] 한탄하시고 근심하시는 하나님,[68] 진노하시고 재앙을 내리시는 하나님,[69] 불쌍히 여기시는 하나님,[70] 사랑

---

[66] (출 20:5)그것들에게 절하지 말며 그것들을 섬기지 말라 나 네 하나님 여호와는 질투하는 하나님인즉 나를 미워하는 자의 죄를 갚되 아버지로부터 아들에게로 삼사 대까지 이르게 하거니와 (출6)나를 사랑하고 내 계명을 지키는 자에게는 천 대까지 은혜를 베푸느니라

[67] (삼상 15:35)사무엘이 죽는 날까지 사울을 다시 가서 보지 아니하였으니 이는 그가 사울을 위하여 슬퍼함이었고 여호와께서는 사울을 이스라엘 왕으로 삼으신 것을 후회하셨더라

[68] (창 6:5)여호와께서 사람의 죄악이 세상에 가득함과 그의 마음으로 생각하는 모든 계획이 항상 악할 뿐임을 보시고 (창6)땅 위에 사람 지으셨음을 한탄하사 마음에 근심하시고

[69] (민 11:1)여호와께서 들으시기에 백성이 악한 말로 원망하매 여호와께서 들으시고 진노하사 여호와의 불을 그들 중에 붙여서 진영 끝을 사르게 하시매

[70] (느 9:31)주의 크신 긍휼로 그들을 아주 멸하지 아니하시며 버리지도 아니하셨사오니 주는 은혜로우시고 불쌍히 여기시는 하나님

과 은혜의 하나님 등등 마치 인간처럼 생각하고 인간의 마음을 가진 것처럼 하나님을 묘사한다. 신약에도 이러한 표현들이 나온다. 바울도 하나님은 참고 기다리시는 하나님이라고 했다.[71] 이런 인격화한 하나님을 신인동형론이라고 말한다.

하나님은 분리도 없고 구별도 없는 완전한 하나임이시다. 그러므로 하나 안에는 질투하는 자도 없고 질투의 대상도 있을 수 없다. 오직 하나인 그것밖에 없다. 둘은 육의 세계이므로 허구요, 오직 하나만이 진리다. 그런데 구약은 왜 하나님을 인격신으로 표현하며, 신인동형론으로 말하는가? 신인동형론에 의거한 이원적이고 인격을 가진 하나님을 어떻게 설명할 수 있을까?

일단은 문화와 주변 종교들의 신화의 영향으로 추론해 볼 수 있다. 성경이 최초로 형성될 당시는 신화의 시대다. 그리스, 페르시아 지역의 문화에서 발생한 신화들을 보면 모든 신들이 인격적으로 표현됨을 볼 수 있다. 그리스신화에 나오는 모든 신들을 보면 인간처럼 화를 내고, 사랑하고, 질투한다. 단지 신이 인간과 다른 점이 있다면 신은 죽지 않는다는 점이다. 신은 인간으로 언제든지 변장하고 나타날 수는 있지만 인간은 결코 신이 될 수 없다.

성경이든 뭐든 간에 그런 종교문화 속에서는 신을 달리 표현할 길이 없어 보인다. 성경이 형성되던 시기도 이러한 신화의 시기였

이심이니이다

71) (롬 3:25)이 예수를 하나님이 그의 피로써 믿음으로 말미암는 화목제물로 세우셨으니 이는 하나님께서 길이 참으시는 중에 전에 지은 죄를 간과하심으로 자기의 의로우심을 나타내려 하심이니

다. 나중에 편집 과정을 거치면서 다소 수정되기는 했지만 이러한 기조를 바꾸지는 않았다.

예수께서도 하나님을 아버지라 하여 인격적인 모습으로 표현했다. 사실 인간이 하나님을 인식하거나 부를 때는 당연히 인격으로 부르거나 인지할 수밖에 없다. 그러나 예수께서 하나님을 인격적으로 불렀다고 하지만 다른 점이 있다.

그것은 하나이신 하나님을 말씀하신 것이다.72) 하나님을 믿는 자도 하나다.73) 하나님은 완전하시다.74) 하나님은 영이시다.75) 하나님의 말씀은 진리로 나는 그 진리를 전한다.76) 하나님과 하나

---

72) (요 8:41)너희는 너희 아비가 행한 일들을 하는도다 대답하되 우리가 음란한 데서 나지 아니하였고 아버지는 한 분뿐이시니 곧 하나님이시로다 (요42)예수께서 이르시되 하나님이 너희 아버지였으면 너희가 나를 사랑하였으리니 이는 내가 하나님께로부터 나와서 왔음이라 나는 스스로 온 것이 아니요 아버지께서 나를 보내신 것이니라

(요 10:30)나와 아버지는 하나이니라 하신대

73) (요 1:12)영접하는 자 곧 그 이름을 믿는 자들에게는 하나님의 자녀가 되는 권세를 주셨으니

(요 17:21)아버지여, 아버지께서 내 안에, 내가 아버지 안에 있는 것 같이 그들도 다 하나가 되어 우리 안에 있게 하사 세상으로 아버지께서 나를 보내신 것을 믿게 하옵소서 (요22)내게 주신 영광을 내가 그들에게 주었사오니 이는 우리가 하나가 된 것 같이 그들도 하나가 되게 하려 함이니이다 (요23)곧 내가 그들 안에 있고 아버지께서 내 안에 계시어 그들로 온전함을 이루어 하나가 되게 하려 함은 아버지께서 나를 보내신 것과 또 나를 사랑하심 같이 그들도 사랑하신 것을 세상으로 알게 하려 함이로소이다

74) (마 5:48)그러므로 하늘에 계신 너희 아버지의 온전하심과 같이 너희도 온전하라

75) (요 4:24)하나님은 영이시니 예배하는 자가 영과 진리로 예배할지니라

된 그리스도 예수는 진리 그 자체이시다.[77]

이 말씀들을 한마디로 하면 예수께서는 우리에게 분명하게 **대상으로서의 인격신**이 아니라, **하나로서의 영인 하나님**을 가르치신 것이다. 또한 그 영의 세계인 하나님 나라가 있음을 가르치셨고 나아가 그 나라에 들어가는 방법으로 복음을 전해주셨다.[78]

바울도 그러한 복음을 어느 정도 이해하였고 영과 육이 다름을 가르쳤다.[79] 바울은 철저하게 육은 사망이며, 오직 영만이 그리스도 안에 거할 수 있다고 했다.[80] 육은 에고를 말한다. 그리스도 안에 있는 것이 영생이다.[81] 영생은 하나님 나라다.

---

76) (요 8:40)지금 하나님께 들은 진리를 너희에게 말한 사람인 나를 죽이려 하는도다 아브라함은 이렇게 하지 아니하였느니라

77) (요 146)예수께서 이르시되 내가 곧 길이요 진리요 생명이니 나로 말미암지 않고는 아버지께로 올 자가 없느니라

78) (막 1:15)이르시되 때가 찼고 하나님의 나라가 가까이 왔으니 회개하고 복음을 믿으라 하시더라

79) (롬 8:5)육신을 따르는 자는 육신의 일을, 영을 따르는 자는 영의 일을 생각하나니 (롬6)육신의 생각은 사망이요 영의 생각은 생명과 평안이니라 (롬7)육신의 생각은 하나님과 원수가 되나니 이는 하나님의 법에 굴복하지 아니할 뿐 아니라 할 수도 없음이라 (롬8)육신에 있는 자들은 하나님을 기쁘시게 할 수 없느니라 (롬9)만일 너희 속에 하나님의 영이 거하시면 너희가 육신에 있지 아니하고 영에 있나니 누구든지 그리스도의 영이 없으면 그리스도의 사람이 아니라 (롬10)또 그리스도께서 너희 안에 계시면 몸은 죄로 말미암아 죽은 것이나 영은 의로 말미암아 살아 있는 것이니라

80) (롬 7:5)우리가 육신에 있을 때에는 율법으로 말미암는 죄의 정욕이 우리 지체 중에 역사하여 우리로 사망을 위하여 열매를 맺게 하였더니
(롬 8:11)예수를 죽은 자 가운데서 살리신 이의 영이 너희 안에 거하시면 그리스도 예수를 죽은 자 가운데서 살리신 이가 너희 안에 거하시는 그의 영으로 말미암아 너희 죽을 몸도 살리시리라

그러나 시간이 흘러 예수의 가르침에 대한 이해가 부족해지고 기독교가 1세기 말 경에는 종교조직이 형성되기 시작한다. 이윽고 4세기 초, 기독교가 로마종교가 되면서 각종 교리들이 복음을 대신하게 된다. 주님이 가르쳐주신 말씀들이 화석화되어 생명력을 잃어가게 된다.

교회는 구원의 담지자요, 대리권자로서의 특권을 공식화한다. 이리하여 구원은 예수 그리스도로 말미암는 것인데 "교회 밖에는 구원이 없다."는 교리로 예수와 교회를 동일시하였다. 구원의 방주 ark로서 구원의 전권을 쥐게 된 교회는 엄청난 특권과 정치권력과 막대한 이권을 가진 종교집단이 되고 말았다.

예수께서는 신인동형론적이고 인격을 가진 대상으로서의 하나님이 아니라, 하나로서의 하나님을 가르치셨건만 교회는 다시 하나님을 대상화시킨 인격신을 꺼내들었다. 그리고 인격신의 이름으로 중세를 통치하였다.

중세의 통치과정에서 인격신의 이름으로 자행된 수많은 악행들이 있다. 인류 역사상 가장 참혹한 전쟁 중의 하나로 손꼽히는 십자군전쟁, 마녀사냥, 수많은 이단 논쟁으로 교리의 잣대에 맞지 않는 주장을 하는 사람들을 죽였다.

르네상스와 종교개혁이 서구를 휩쓸고 지나간 자리에 근대문명이 들어섰다. 교회와 교리의 틀에 갇혀 모든 것을 신의 이름 아래

---

81) (롬 6:23)죄의 삯은 사망이요 하나님의 은사는 그리스도 예수 우리 주 안에 있는 영생이니라

행하던 인간이 스스로 생각하고 결정할 수 있다는 것을 자각하게 된다. "나는 생각한다, 고로 나는 존재한다." 중세의 신 중심의 사회가 인간 중심의 사회로 변화되었음을 선포한 말이다. 합리적 이성이 발달한 계몽주의 시대에는 무신론이 등장한다. 이전까지는 하나님이 없다는 것은 상상할 수도 없던 일이다.

계몽주의 무신론은 중세교회가 인격신의 이름으로 자행한 수많은 악행을 되돌아보며 그런 악행을 저지르는, 그런 인격신은 없다는 의미에서의 무신론이다. 뒤이어 니체의 폭탄선언이 나온다. "신은 죽었다." 이는 대상화된 인격신의 종말을 선언하는 것이다.

현대의 무신론, 특히 실존주의에서 말하는 무신론은 그와 다르다. 즉, 신 없이도 인간의 순수하고도 고도화된 이성으로 얼마든지 평화롭고 행복하게 잘 살 수 있기에 사람들을 힘들게 하고 쥐어짜는 신은 더 이상 필요 없다는 것이다.

대상화된 인격신은 없는가? 나와 다른 대상으로서의 인격신으로 표현된 하나님은 허구란 말인가? 그럼 그 하나님은 무엇인가? 내가 이제까지 엉뚱한 것을 하나님이라고 믿고 있었단 말인가? 다소 혼란스럽기는 하겠지만 "그렇다."

대상으로서의 하나님인 인격신은 에고의 하나님일 뿐이다. 분명하게 다시 말하지만 인격으로 표현된 하나님을 부정하는 것이 아니다. 대상화한 하나님, 에고의 하나님, 우리와 다른 인격으로서의 하나님은 없다고 말하는 것이다.

에고의 하나님을 벗어나 하나이신 하나님, 신성으로서의 하나님께 돌아가는 것이 신앙의 목표다. 하나님 나라에 들어가는 것이다. 의식조차 뛰어넘는 것이다. 창조를 넘어 태초로 돌아가는 것이다. 그 길을 제시한 것이 복음이다.

2) 하나임/비이원성

내가 신성과 하나인 참나요, 그것이라는 사실을 이제 알았다. 사실 하나를 이해하기란 매우 어렵다. 인간들은 모든 것을 둘로 생각하고 그것만 실재라고 믿는다. 둘은 없고 아예 있었던 적도 없고 오직 하나 뿐이라는 말을 어떻게 받아들일 수 있겠는가? 이제까지 이 글을 주의 깊게 읽어온 사람이라면 "이럴 수 있을까?", "이게 사실인가?", "그렇다면 도대체 뭐야?"라고 의문이 들 것이다. 제대로 읽은 것이다.

먼저 성경에 대해 잠시 말해 둘 것이 있다. 성경은 하나님 나라에 들어간 사람, 영의 세계에 있는 사람을 위해 기록되지 않았다는 점이다. 구원받지 못한 사람, 아직 에고의 세계가 실재라고 믿고 사는 사람, 모든 것을 둘로 보고 분리된 내가 있다고 믿는 사람, 시간과 공간 안에서 과거, 현재, 미래를 연속해서 살고 있다고 믿는 사람, 하나님 나라가 여기는 아니고 그 어딘가에 있을 거라고 막연하게 믿고 사는 사람, 그럼에도 하나님 나라를 사모하는 사람, 이것이 아니라, 그 무엇인가 변하지 않는 영원한 나라가 있다고 믿는 사람, 내가 누구인지 몰라 나를 찾아 헤매는 사람 등등 그런 자들을 위해 쓰였다.

앞에서 하나에 대해 누누이 말했다. 하나님밖에 없다. 나밖에 없다. 모든 것은 하나다. 하나 안에서는 하나님과 내가 구별되지 않기에 하나다. 하나 안에는 시공간이 존재하지 않는다. 하나 안에는 대립이나 분리가 없기에 갈등이나 비판, 내 생각, 미움, 삶의 계획 등이 없다. 그것밖에 없으므로 하나는 오직 평화와 기쁨만이 존재한다. 등등의 여러 가지 표현을 써서 하나를 이야기했다. 이 말이 이해가 된다면 그는 서기관처럼 하나님 나라에서 멀지 않은 것이다.82)

하나는 둘이 될 수 없기에 비이원성이라고 한다. 인간들은 모든 것을 나와 분리하여 대상으로 보기에 거기에는 필연적으로 시공간이 존재한다. 나와 대상 사이에 존재하는 시공간만큼이 죄다. 대상으로 보면 필연적으로 비교를 하게 되고 비교를 통해 우리는 대립적인 사고를 갖게 된다.

좋다/나쁘다, 있다/없다, 사랑/미움, 참/거짓, 아름다움/추함,

---

82) (막 12:32)서기관이 이르되 선생님이여 옳소이다 하나님은 한 분이시요 그 외에 다른 이가 없다 하신 말씀이 참이니이다 (막33)또 마음을 다하고 지혜를 다하고 힘을 다하여 하나님을 사랑하는 것과 또 이웃을 자기 자신과 같이 사랑하는 것이 전체로 드리는 모든 번제물과 기타 제물보다 나으니이다 (막34)예수께서 그가 지혜 있게 대답함을 보시고 이르시되 네가 하나님의 나라에서 멀지 않도다 하시니 그 후에 감히 묻는 자가 없더라

이익/손해, 전쟁/평화, 기쁨/슬픔, 환희/좌절 등이다. 인간이 갖는 모든 감정과 스스로 부여한 의미 속에는 이런 대립쌍이 존재한다. 우리는 그것으로 생존의 근간을 삼는다. 이렇게 둘로 보는 것을 이원성이라고 한다.

이원성은 삶의 상황, 조건, 사고체계 등에 따라 변하기는 하지만 그것은 동전을 뒤집는 것과 같다. 동전을 뒤집어보면 다른 그림이 나오는데 그렇다고 동전이 바뀐 것은 아니다. 여전히 한 동전이다. 한 동전을 둘로 보는 것이다. 상황만 달라졌을 뿐 여전히 거기에 이원성은 존재한다. 적이 친구로 변했다고 해서 적이 완전히 사라지지 않는다. 또 누군가는 적이 되어야 한다.

하나임Oneness은 이와 같은 이원성을 넘어선 상태를 말한다. 하나 안에는 대상이 없기에 대립쌍이 존재하지 않는다. 그리하여 거기에는 오직, 하나님, 사랑, 기쁨, 있음, 좋음, 참, 아름다움, 평화만이 존재한다. 한 동전이기에 앞면이 됐든 뒷면이 됐든 구별 없이 다 아름답다. 그냥 그것이다. 이것이 하나님 나라다. 하나님이다. 바로 참나다.

모든 이원성, 대립, 분리의 세계에서 벗어나 하나님 안으로 들어가라는 외침이 복음이다. 그 길이 열렸음을 선포하는 것이 복음이다. 그곳에 들어가기 위해 우리가 할 수 있는 것이란 회개와 믿음이다, 믿음을 가지고 속죄소로 들어가는 것이다.

그것도 에고/나가 할 수 있는 것이 아니다. 그렇기에 나는 아무것도 할 필요가 없다. 구원을 위해 무엇인가 한다면 그것은 구원의 반대쪽으로 가는 것이다. 구원의 길은 성령께서 친히 인도하신다. 속죄소에서 죄가 사라지고 죄 없음의 하나의 나라, 영의 세계로 들어간다.

이제부터 하나임/비이원성을 말하는 성경을 살펴보면 "아, 성경이 그래서 이렇게 말하는구나.", "예수께서 그래서 그런 말씀을 하셨구나."라는 것을 알게 될 것이다. 단적으로 말해 성경의 말씀들은 하나님 나라의 삶을 지금은 살지 못해도 그렇게 살아가도록 훈련하는 연습교재다. 예를 들면 사랑의 삶을 마음과 뜻과 정성을 다해 살아가다 보면 어느 순간에 사랑 그 자체가 되는 것이다. 자 하나씩 보자.

계명

에고는 모든 것을 대상화하고 소유의 개념으로 보기에 공평이나 정의란 약자의 논리에 불과하다. 많이 소유할수록, 권력을 가지면 가질수록 생존에 유리하다고 믿는다. 이러한 에고의 사고체계 속에 모든 사람이 살고 있다. 그래서 이 세상은 생존을 위한 전쟁터가 된다. 어렸을 때부터 공부 잘해야 훌륭한 사람이 된다고 들었고 그렇게 믿지만 공부 잘하는 사람이 훌륭한 사람이란 등식은 철들면 산산조각이 난다.

남보다 편리하게 생존을 유지하기 위해 좋은 학교, 좋은 직장에 들어가려고 몸부림치는 것이 아닌가? 남보다 잘 살려고 공부하고, 남보다 유리한 위치에 서기 위해 높은 자리를 탐하는 것이 아닌가?

이를 위해 어려서부터 남의 답안지를 훔쳐보고, 경쟁자를 시기하고 비방하며, 권모술수나 거짓말을 한다. 이러한 불공평한 세상에서 오는 혼란을 조금이나마 바로잡으려고 인간들은 법을 만들었다. 혼란보다 법을 지키는 것이 생존에 유리하기 때문이다.

성경은 제멋대로 자기에게 유리하게 살아가는 사람들을 통제하기 위해 하나님의 이름으로 계명을 만들었다. 율법이다. 율법이 세상법과 다른 점은 세상 법은 그저 법만 지키면 되지만 율법은 하나님을 사랑하는 마음으로 법을 지키도록 한 것이다, 그리하여 에고를 약화시켜 결국 하나님의 나라로 들어가도록 하는 목적을 가진다.

계명은 한사상으로 말하자면 중中이다. 정의의 여신 유스티치아 Justitia는 서서 눈을 가리고 한 손에는 등비等比저울을, 한 손에는 칼을 들고 있다. 이 여신상이 우리나라 대법원 앞에도 있다. 서양의 여신상과 다른 점은 눈을 가리지 않았고, 앉아 있으며, 칼 대신 법전을 들고 있다. 모양이야 시대나 나라별로 조금씩 차이는 있지만 이 여신상이 주는 메시지는 사회 정의와 평등이다. 그래서 중中이다.

에고는 평등을 싫어한다. 에고의 팔은 항상 안으로 굽는다. 나의 생존과 이익을 위해서라면 상대가 어떻게 되든 상관하지 않는다. 대표적인 에고 생존게임인 전쟁을 보라. 내가 살아남으려면 적을 많이 죽여야 한다. 생명은 모두 소중한 것인데 나만 살아남으려고 한다.

나만 가족과 사랑하는 사람이 있는 것이 아니다. 내가 죽이는 그 사람도 그의 죽음을 눈물로 평생 잊지 못하는 사랑하는 사람이 있다. 너를 죽여서라도 그래도 나는 살아야 한다. 에고는 이렇게 중얼거린다.

하나님 나라에 들어간 사람에게는 계명이 필요 없다. 지켜야 할 대상으로서의 계명과 그것을 지키는 자가 없기 때문이다. 그럼에도 하나님은 우리에게 왜 계명을 주시는가? 우리는 왜 힘들게 그 계명을 지키려고 노력하는가? 우리가 아직 그 나라에 들어가지 못했기 때문이다.

모든 계명은 강제성이 있든 없든 지켜야 하는 것이라면 사실 다 법이다. 법은 평등을 추구한다. 계명이 공평을 의미한다는 것은 다름 아닌 에고의 욕망을 억제하는 기능을 가졌다는 말이다. 에고를 가지고는 하나님 나라에 들어갈 수 없기에 일단 에고부터 약화시키기 위해 계명을 우리에게 주신 것이다.

계명을 잘 지키면 최소한 죄는 짓지 않는다. 계명을 잘 지키면 최소한 이 세상에서는 안전하게 살 수 있다. 계명은 인간들을 위한 안전판 역할을 한다. 성경의 그 어떤 계명도 나쁜 짓하라는 계명이 없다. 모두가 계명만 제대로 지킨다면 이 세상은 공평한 세상이 될 것이다. 물론 에고는 계명을 자신을 위해 악용하겠지만 말이다.

그러나 유대인들의 역사를 보듯이 계명은 형식주의에 빠질 위험성을 항상 내포하고 있다. 이것이 중中의 약점이다. 바리새인들처럼 계명을 잘 지키는 사람이 어디 있는가? 그런데 그들은 주님으로부터 질책을 받았다.[83] 겉과 속이 다르기 때문이다. 그저 마음과 달리 형식적으로만 계명을 지켰기 때문이다.

예언자들도 에고의 속성상 율법이 형식주의로 흘러갈 줄을 알고 이를 경계했다.[84] 유대인들은 계명을 지키는 것이 의라고 생각하고 계명을 지키는 일에 최선을 다했다.[85] 그러나 그것으로 구원받

---

83) (마 23:25)화 있을진저 외식하는 서기관들과 바리새인들이여 잔과 대접의 겉은 깨끗이 하되 그 안에는 탐욕과 방탕으로 가득하게 하는도다 (마26)눈 먼 바리새인이여 너는 먼저 안을 깨끗이 하라 그리하면 겉도 깨끗하리라 (마27)화 있을진저 외식하는 서기관들과 바리새인들이여 회칠한 무덤 같으니 겉으로는 아름답게 보이나 그 안에는 죽은 사람의 뼈와 모든 더러운 것이 가득하도다 (마28)이와 같이 너희도 겉으로는 사람에게 옳게 보이되 안으로는 외식과 불법이 가득하도다

84) (욜 2:13a)너희는 옷을 찢지 말고 마음을 찢고 너희 하나님 여호와께로 돌아올지어다
  (사 29:13)주께서 이르시되 이 백성이 입으로는 나를 가까이 하며 입술로는 나를 공경하나 그들의 마음은 내게서 멀리 떠났나니 그들이 나를 경외함은 사람의 계명으로 가르침을 받았을 뿐이라

85) (신6:24)여호와께서 우리에게 이 모든 규례를 지키라 명령하셨으니 이는 우리가 우리 하나님 여호와를 경외하여 항상 복을 누리게 하기 위하심이며 또 여호와께서 우리를 오늘과 같이 살게 하려 하심이라 (신25)우리가 그 명령하신 대로 이 모든 명령을 우리 하나님 여호와 앞에서 삼가 지키면 그것이 곧 우리의 의로움이니라 할지니라

을 수 없다는 것을 아는 바울은 율법을 사랑하고 지키는 자신의 민족이 구원을 받지 못함을 안타까워하였던 것이다.[86]

하지만 계명은 잘 지켜야만 한다. 그래야 에고를 약화시켜 하나님 나라로 보다 가까이 갈 수 있기 때문이다. 예수께서 너희 의가 바리새인들보다 낫지 않으면 하나님 나라에 들어갈 수 없다고 하신 이유가 그것이다.[87] 영의 세계에는 계명이 필요 없지만 에고의 세계에 사는 자들은 계명을 온전히 지켜야 한다.[88]

하지만 우리가 계명을 잘 지킨다고 해서 하나님 나라에 들어가는 것은 아니다. 어떤 사람이 예수께 와서 어떻게 하면 영생을 얻을 수 있느냐고 물었다.[89] 그때 주님은 계명을 지키라고 하셨다.

---

86) (롬 9:1)내가 그리스도 안에서 참말을 하고 거짓말을 아니하노라 나에게 큰 근심이 있는 것과 마음에 그치지 않는 고통이 있는 것을 내 양심이 성령 안에서 나와 더불어 증언하노니 (롬2)(1절에 포함되어 있음) (롬3)나의 형제 곧 골육의 친척을 위하여 내 자신이 저주를 받아 그리스도에게서 끊어질지라도 원하는 바로라
(롬 10:1)형제들아 내 마음에 원하는 바와 하나님께 구하는 바는 이스라엘을 위함이니 곧 그들로 구원을 받게 함이라

87) (마 5:20)내가 너희에게 이르노니 너희 의가 서기관과 바리새인보다 더 낫지 못하면 결코 천국에 들어가지 못하리라

88) (마 5:17)내가 율법이나 선지자를 폐하러 온 줄로 생각하지 말라 폐하러 온 것이 아니요 완전하게(플레로오) 하려 함이라

89) (막 10:17)예수께서 길에 나가실새 한 사람이 달려와서 꿇어 앉아 묻자오되 선한 선생님이여 내가 무엇을 하여야 영생을 얻으리이까 (막18)예수께서 이르시되 네가 어찌하여 나를 선하다 일컫느냐 하나님 한 분 외에는 선한 이가 없느니라 (막19)네가 계명을 아나니 살인하지 말라, 간음하지 말라, 도둑질하지 말라, 거짓 증언 하지 말라, 속여 빼앗지 말라, 네 부모를 공경하라 하였느니라 (막20)그가 여짜오되 선생님이여 이것은 내가 어려서부터 다 지켰나이다 (막21)예수께서 그를 보시고 사랑하사 이르시되 네게 아직도 한 가

그러자 그는 어려서부터 다 지켰다고 대답했다. 주께서 그에게 한 가지 부족한 것이 있다고 하시며, 네가 가진 모든 것을 다 팔아 가난한 자에게 주고 나를 따르라고 하셨다. 이에 그 사람이 부자인 고로 떠났다고 했다.

그 사람이 계명은 지켰지만 계명의 핵심은 놓치고 있다. 계명은 에고를 내려놓은 것인데 계명만 지키고 에고를 내려놓지 못한 것이다. 소유란 내 것을 말하는데 이 세상에 내 것이 어디 있는가? 다 하나님 것이다. 운구차 뒤에 이삿짐차가 뒤따라가는 일은 없다. 내 것이 아닌 것이다.

한 서기관이 예수께 와서 물었다.[90] 첫째 되는 계명이 무엇입니까? 주님은 하나님을 네 마음을 다하고 목숨을 다하고 뜻을 다하

지 부족한 것이 있으니 가서 네게 있는 것을 다 팔아 가난한 자들에게 주라 그리하면 하늘에서 보화가 네게 있으리라 그리고 와서 나를 따르라 하시니

[90] (막 12:28)서기관 중 한 사람이 그들이 변론하는 것을 듣고 예수께서 잘 대답하신 줄을 알고 나아와 묻되 모든 계명 중에 첫째가 무엇이니이까 (막29)예수께서 대답하시되 첫째는 이것이니 이스라엘아 들으라 주 곧 우리 하나님은 유일한 주시라 (막30)네 마음을 다하고 목숨을 다하고 뜻을 다하고 힘을 다하여 주 너의 하나님을 사랑하라 하신 것이요 (막31)둘째는 이것이니 네 이웃을 네 자신과 같이 사랑하라 하신 것이라 이보다 더 큰 계명이 없느니라 (막32)서기관이 이르되 선생님이여 옳소이다 하나님은 한 분이시요 그 외에 다른 이가 없다 하신 말씀이 참이니이다 (막33)또 마음을 다하고 지혜를 다하고 힘을 다하여 하나님을 사랑하는 것과 또 이웃을 자기 자신과 같이 사랑하는 것이 전체로 드리는 모든 번제물과 기타 제물보다 나으니이다 (막34)예수께서 그가 지혜 있게 대답함을 보시고 이르시되 네가 하나님의 나라에서 멀지 않도다 하시니 그 후에 감히 묻는 자가 없더라

고 힘을 다하여 사랑하고 네 이웃을 네 자신과 같이 사랑하라고 하신다. 이에 서기관이 주님 말씀에 동의하면서 하나님과 이웃을 마음과 힘과 지혜를 다해 사랑하는 것이 모든 신앙형식들보다 낫다고 지혜롭게 대답했다. 그러자 주님은 "네가 하나님 나라에서 멀지 않다."고 하셨다.

이 서기관은 계명의 핵심을 알고 있었던 것이다. 그러므로 하나님 나라에서 멀지 않았다고 말씀하시는 것이다. 계명을 지키는 것은 에고를 약화시키는 것, 에고를 내려놓는 것이기에 하나님 나라에 들어가는데 매우 유익하다. 그것이 계명의 역할이다. 하지만 계명 그 자체는 하나님 나라에 들어가는 다리는 될지언정 하나님 나라는 아니다.

헌신과 희생

희생이란 단어는 에고의 언어다. 영의 세계에서 희생이란 존재하지 않는다. 희생이란 말이 성립하려면 희생하는 자와 희생을 강요하는 자, 또는 그로 인해 이익을 취하는 자가 있어야 한다. 둘이다. 따라서 하나인 하나님 나라에서는 희생은 있을 수 없다.

에고는 흔히 사랑을 희생이라고 말한다. 그것은 사랑하는 자와 사랑의 대상, 이렇게 둘로 나누었을 때 가능한 말이다. 하나님은 사랑이시지만 사랑을 위해 희생하시는 분은 아니다. 하나님의 사랑 안에는 희생이란 존재하지 않는다. 하나님은 필요한 것이 없는 완전하신 분이기에 오직 주는 것만 가능하시다. 희생하는 사랑 같은 것은 다 인간적인 에고의 사고체계에서 나온 말이다.

헌신이나 순종도 마찬가지다. 헌신하는 자와 헌신의 대상이 있다. 순종도 순종하는 자와 순종의 대상이 있다. 이는 희생과 마찬가지로 에고의 사고체계 속에서 나온 말이다. 하나님은 우리에게 헌신이나 순종을 요구하지 않으신다.

하지만 이를 실천하면 에고의 약화라는 뜻밖의 선물을 받는다. 손해 보지 않는 에고가 스스로 손해를 감수하면서 희생을 한다, 헌신과 순종을 한다는 것은 희생하는 만큼, 헌신하는 만큼 에고는 약화된다. 헌신은 철저하게 자신을 하나님께 드리는 것이다. 철저한 내맡김이다. 에고를 약화시키는데 이보다 더 좋은 방법은 없다.

영성에서는 두 가지 길이 있다고 한다. 하나는 가슴heart의 길이다. 가슴의 길이 바로 헌신의 길이다. 철저한 순종과 헌신이다. 내맡김이다. 맡긴 만큼 나는 사라진다. 에고가 사라진다. 인도의 마더 테레사가 걸었던 길이다. 많은 기독교인들이 걸었던 길이다.

둘째로는 머리mind의 길이다. 이는 지혜로 궁극의 진리를 깨닫는 길이다. 특히 불교의 간화선看話禪이 이 방법을 주로 쓴다. 참선을 통해 생각 너머의 생각으로 진리를 착파斷破해 내는 것이다. 관상기도도 이와 비슷하긴 하지만 굳이 말하자면 관상기도는 간화선과 묵조선默照禪의 두 방법을 함께 사용하는 것처럼 보인다.

적어도 기독교를 비롯한 모든 종교에서는 헌신과 순종을 요구하는데 그것은 일방적이다. 예를 들면 교회에 나가 헌금한다고 이자는커녕 원금도 주지 않는다. 봉사를 하더라도 교회에서 일당을 주지도 않는다. 그저 일방적인 봉사요, 희생이다.

왜 종교단체들은 일방적인 헌신과 순종을 요구할까? 그런데도 신도들은 왜 싫다고 말도 못하고 그 말을 따를까? 왜 따라야만 하는가? 에고를 죽이는 일이기 때문이다.

내게 있는 것을 주면 그것은 더 이상 내게 없다. 내게 사과가 하나 있다고 하자. 그것을 옆 사람에게 주면 내게 사과는 없다. 헌신은 나를 드리는 것이다. 나를 드리면 나는 없어진다. 에고를 드리면 에고가 없어진다. 욕심을 드리면 욕심이 드린 만큼 욕심이 없어진다.

헌금도 마찬가지다. 돈이 근본이 되는 자본주의 경제체계에서는 돈이 곧 생명이다. 돈이 없으면 아무것도 하지 못한다. 모든 것이 돈으로 평가되고 돈이 곧 기준이요, 삶의 척도가 된다. 이 돈을 하나님께 드리는 것이 헌금이다. 액수가 아니라 주님을 향한 애틋한 사랑의 마음을 담아 드리는 것이다. 과부의 두 렙돈이다. 드린 만큼 에고는 사라진다.

하지만 에고로 하는 헌신이나 희생은 한계가 있다. 여전히 거래로 여기고 그럴 수 있기 때문이다. 십일조는 소득의 십분의 일에다가 나의 삶 전부를 드리는 것인데, 이를 축복의 수단으로 여기고 투자로 생각한다. 봉사나 희생, 헌신도 복 받기 위한 수단이 된다. 다 에고로 하는 신앙생활이다.

또한 자신의 희생을 자랑의 도구로 삼는 것도 마찬가지다. 남들이 알아주기를 바란다. 남들의 칭찬을 자신의 희생의 대가로 삼기에 그는 손해 보지 않았다. 희생을 한 적이 없다. 이미 받을 상을 다 받은 것이다.[91] 대신 영적 허영심만 잔뜩 키웠을 뿐이다. 이것은 여전히 육의 세계의 일이다. 하나가 아닌 이원성으로 하는 행동일 뿐이다. 바리새인이다.

그렇다면 비이원적인 하나임으로서의 희생은 어떠한 것인가? 하나 안에는 희생이란 말이 없다. 그래서 희생이란 단어 자체가 존재하지 않는다. 그러므로 희생이 아니라 그냥 주는 것이다. 대가없이 주는 것이다. 이것은 희생이 아니다. 우리는 예수께서 자신의 몸을 희생제물로 주셨다고 믿는다.[92] 이는 바울의 해석일 뿐이다.

---

91) (마 6:3)너는 구제할 때에 오른손이 하는 것을 왼손이 모르게 하여 (마4)네 구제함을 은밀하게 하라 은밀한 중에 보시는 너의 아버지께서 갚으시리라 (마5)또 너희는 기도할 때에 외식하는 자와 같이 하지 말라 그들은 사람에게 보이려고 회당과 큰 거리 어귀에 서서 기도하기를 좋아하느니라 내가 진실로 너희에게 이르노니 그들은 자기 상을 이미 받았느니라 (마6)너는 기도할 때에 네 골방에 들어가 문을 닫고 은밀한 중에 계신 네 아버지께 기도하라 은밀한 중에 보시는 네 아버지께서 갚으시리라

92) (롬 5:25)이 예수를 하나님이 그의 피로써 믿음으로 말미암는 화목제물로 세우셨으니 이는 하나님께서 길이 참으시는 중에 전에 지은 죄를 간과하심으로 자기의 의로우심을 나타내려 하심이니
(엡 5:2)그리스도께서 너희를 사랑하신 것 같이 너희도 사랑 가운데서 행하라 그는 우리를 위하여 자신을 버리사 향기로운 제물과 희생제물로 하나님께 드리셨느니라
(고 5:7)너희는 누룩 없는 자인데 새 덩어리가 되기 위하여 묵은 누룩을 내버리라 우리의 유월절 양 곧 그리스도께서 희생되셨느니

바울은 당시의 유대기독교인들을 위해 그리스도의 복음을 전했다. 그는 그들에게 유대방식, 즉 속죄제와 그 제사에 드려지는 희생양의 구약적 해석을 복음에 적용시켰다. 그리하여 대속교리가 나오게 된다. 이는 하나 안에 희생이란 없다는 것에 저촉된다.

그리스도이신 예수께서는 완전하신 분이기에 어떤 대가, 즉 구원의 대가로 자신을 희생시킬 수 없다. 그냥 자신을 주는 것이다. 하나님이 그저 자신을 주듯이 그렇게 우리에게 대가 없이 주신 것이다.

따라서 비이원적 하나님의 세계에서는 영적 에고를 강화시키거나 영적 허영심을 부풀리는 그런 희생이나 순종, 헌신은 없다. 그저 기쁨으로 주는 것뿐이다. 그때 거기에는 오로지 기쁨과 평화만이 있다. 왼손이 하는 일을 오른손이 모른다.

비판하지 말라

주님이 우리에게 말씀하신 비이원성의 가르침 중에 비이원성의 의미를 잘 알 수 있는 것 중에 하나를 선택하라면 나는 "비판하지 말라."는 이 말씀을 주저 없이 뽑을 것이다.[93] 물론 다른 말씀도

라
93) (마 7:1)비판을 받지 아니하려거든 비판하지 말라 (마2)너희가 비판하는 그 비판으로 너희가 비판을 받을 것이요 너희가 헤아리는

많이 있다. 그중에 "왼손이 하는 일을 오른손이 모르게 하라."는 말씀도 있다.94)

어떻게 한 몸 안에 있는 왼손이 오른손 모르게 할 수 있단 말인가? 지각의 세계, 이원성의 세계에서는 불가능하다. 하지만 비이원성의 세계에서는 당연하다. 주는 자도 없고 받는 자도 없는데 왼손인들 어떠하며, 오른손인들 어떠하리. 한 바가 없으니 준 것도 받은 것도 없다. 구제를 에고의 사고체계로 하지 말고 영의 사고체계로 하라는 말씀이다.

비판은 헬라어로 '크리노'다. 이 단어는 '나누다', '선택하다', '판단하다', '결정하다', '결심하다', '재판하다' 등의 뜻으로 다양하게 쓰인다. 복음서만 보더라도 '고발하다',95) '판단하다',96) '심판하다, 정죄하다.'97) 등으로 쓰였다.

그 헤아림으로 너희가 헤아림을 받을 것이니라
94) (마 6:3)너는 구제할 때에 오른손이 하는 것을 왼손이 모르게 하여 (마4)네 구제함을 은밀하게 하라 은밀한 중에 보시는 너의 아버지께서 갚으시리라
95) (마 5:40)또 너를 **고발하여** 속옷을 가지고자 하는 자에게 겉옷까지도 가지게 하며
96) (눅 7:43)시몬이 대답하여 이르되 내 생각에는 많이 탕감함을 받은 자니이다 이르시되 네 **판단**이 옳다 하시고
97) (요 3:17)하나님이 그 아들을 세상에 보내신 것은 세상을 **심판**하려 하심이 아니요 그로 말미암아 세상이 구원을 받게 하려 하심이라
　　(요 3:19)그 **정죄**는 이것이니 곧 빛이 세상에 왔으되 사람들이 자기 행위가 악하므로 빛보다 어둠을 더 사랑한 것이니라
　　(요 8:11)대답하되 주여 없나이다 예수께서 이르시되 나도 너를 **정죄**하지 아니하노니 가서 다시는 죄를 범하지 말라 하시니라.
　　여기서 정죄는 '카타'라는 강세 접두사가 붙은 '카타크리노'란 단어

비판은 전형적인 이원성이다. 비판하는 자와 그 비판의 대상이 있다. 에고의 세계는 항상 비판한다. 좋다/나쁘다, 있다/없다, 마음에 들다/들지 않는다, 같다/틀리다, 진보/보수 등으로 모든 것을 비교하고 판단한다. 논쟁이란 네 의견이 내 마음에 들지 않기에 내 의견을 강변하는 것이다. 토론이란 서로 의견의 절충점을 찾아가는 것이라지만 결국 다른 생각들을 주장하는 것이다.

에고의 사람들은 항상 비판하기에 마음에 들면 웃고, 안 들면 화를 낸다. 화를 내도 내 뜻이 관철되지 아니하면 싸운다. 국가 간에도 서로의 이익이 상충되면 전쟁을 한다. 이익이란 무엇인가? 내 마음에 든다는 것 아니겠는가? 손해란 무엇인가? 내 마음에 들지 않는다는 것이다. 다 에고의 마음에서 비롯된 것이다.

주님께서 비판하지 말라고 하신 것은 인간의 모든 불행이 이 비판으로부터 나오기 때문이다. 비판하지 않으면 서로 다툴 일도 없고, 미워할 이유도 없다. 비판하지 않으면 화낼 일도 없고, 논쟁할 일도 없다. 사람이 어떻게 그렇게 살아갈 수 있나요? 그러면서 정 붙이고 사는 거지. 그러니 하나님 나라를 모르는 것이다.

오직 하나인 나라, 영의 세계에서는 비판이란 없다. 그러기에 늘 평화와 기쁨만이 존재한다. 이런 기가 막히게 좋은 나라가 있다는 소식이 복음이다. 주님은 그곳으로 우리를 초대하셨다. 초대에 응하기만 하면 된다. 표를 끊어 갈 필요도 없다. 바로 코앞에 있다. 여기가 바로 그곳이다.

를 썼다.

하지만 아직 에고에 속해 늘 서로를 비교하고 비판하며 살아가는 사람은 어떻게 하죠? 없어도 있는 것처럼 살아라. 못해도 하는 것처럼 살아라. 하나님 나라에 아직 들어가지 못했어도 하나님 나라에서 사는 것처럼 살아라. 그것이 에고 속에 살면서 에고 없이 사는 방법이다. 계명은 바로 이것을 말한다. 사실 하나님 나라가 따로 있는 것이 아니라고 했다. 그렇게 살면 그게 하나님 나라다.

새 계명

그리스도이신 예수께서 우리에게 새 계명을 주셨다. "서로 사랑하라."는 계명이다.[98] 사랑하라는 말은 구약에도 나오고 어느 종교에나 다 있는 계명이다. 굳이 종교를 운운하지 않더라도 사랑하라는 말은 인류 보편적인 윤리다. 그런데 왜 새로울 것이 없는데도 새 계명이라고 하셨을까?

핵심은 이원성과 비이원성에 있다. 둘과 하나의 차이다. 에고는 대상으로서의 사랑밖에 모른다. 에고의 사랑은 미움의 반대말이다. 사랑이 대상이기에 에고는 사랑을 소유로 생각한다. 그리하여 사랑도 차지하는 것이다. 사랑도 경쟁이다. 주고받는 사랑이 에고의

---

98) (요 13:34)새 계명을 너희에게 주노니 서로 사랑하라 내가 너희를 사랑한 것 같이 너희도 서로 사랑하라

사랑이다. 하지만 하나로서의 사랑은 주는 것밖에 없다. 그래서 사랑 안에서 하나가 되는 것이다.[99]

영의 세계, 하나님 나라에서의 사랑은 사랑하는 자와 사랑받는 자의 구별이나 분리가 없다. 그러므로 그냥 사랑만 있다. 사랑으로 아버지와 하나이신 그리스도께서 그 사랑을 우리에게 전하셨다. 또한 아버지와 아들이 사랑 안에서 온전히 하나인 것처럼 우리가 비이원적인 사랑 안에 있으면 우리도 그 사랑 안에 있는 것이다.[100] 하나 안에는 안팎이 없으므로 사랑 안에 거하는 것이 아니다. 정확히 말하자면 사랑이 되는 것이다. 그냥 사랑이다.

이 비이원적인 사랑을 주님께서 우리에게 가르쳐주시며 이전의 이원적인 사랑과 구별하여 새 계명이라고 하셨다. 하지만 이 사랑이 예수께서 오시고 난 후에 이 세상에 처음 등장한 것은 아니다. 우리 누구에게나 이미 있었던 것이며, 지금도 있고, 영원히 있다.

비이원성의 세계는 시공간이 존재하지 않는다. 영원이다. 시작도 끝도 없다. 항상 지금이다. 그러므로 이 사랑은 태초부터 영원히 있는 사랑이다.[101] 에고의 사고체계에서 살아가는 사람들이 이를

---

99) (요 15:9)아버지께서 나를 사랑하신 것 같이 나도 너희를 사랑하였으니 나의 사랑 안에 거하라

100) (요 17:23)곧 내가 그들 안에 있고 아버지께서 내 안에 계시어 그들로 온전함을 이루어 하나가 되게 하려 함은 아버지께서 나를 보내신 것과 또 나를 사랑하심 같이 그들도 사랑하신 것을 세상으로 알게 하려 함이로소이다

   (요 17:26)내가 아버지의 이름을 그들에게 알게 하였고 또 알게 하리니 이는 나를 사랑하신 사랑이 그들 안에 있고 나도 그들 안에 있게 하려 함이니이다

알지 못하기 때문에 영원한 이 사랑이 우리와 함께 한다는 것을 가르치기 위해 주님이 오신 것이다.

비이원적인 이 영원한, 조건 없이 주기만 하는 사랑을 우리가 어떻게 할 수 있나요? 간단하다. 사랑 아닌 것을 하지 않는 것이다. 이 세상에 사랑 아닌 것이 어디 있는가? 사랑밖에 없다.

그저 미움의 반대가 사랑이라고, 그 사랑을 위해 희생해야 된다고 속삭이는 에고의 음성을 물리치고 성령의 음성을 듣고 살아가면 된다. 에고를 가진 인간은 절대로 할 수 없다. 하지만 하나님은 하실 수 있다.[102] 이를 위해 성령을 우리에게 보내셨다. 우리는 성령의 인도하심에 따라 살면 된다. 사랑을 위해 우리가 할 수 있는 것은 아무것도 없다.

3) 영원

육의 세계, 에고의 세계에서는 모든 것을 둘로 분리해서 보기 때문에 대상과 대상 사이에 시간과 공간이 필연적으로 존재한다. 하지만 영의 세계는 하나의 세계이므로 시간과 공간이 필요 없다.

---

101) (요이 1:5)부녀여, 내가 이제 네게 구하노니 서로 사랑하자 이는 새 계명 같이 네게 쓰는 것이 아니요 처음부터 우리가 가진 것이라
102) (눅 18:27)이르시되 무릇 사람이 할 수 없는 것을 하나님은 하실 수 있느니라

우리가 모든 것을 대상으로 보는 한 우리에게 시공간은 실재가 된다. 하나 안에서는 시공간이 비실재가 된다.

이 세상에는 있음만 존재한다. 없음이란 허구다, 글자 그대로 없는 것이다. 실재Reality의 반대말이 비실재unreality가 아니다. 이 세상에는 실재만이 존재한다. 비실재란 존재하지 않는다. 아예 없는 것이다. 실재는 반대말이 없다.

하나님은 실재다. 하나만이 실재다. 시공간 안에서 인식되어지는 모든 것은 실재가 아니다. 모든 것은 하나님 안에서만 실재가 된다. 모든 만물에 각각의 생명이 있는 것이 아니라, 생명 안에 모든 만물이 있다. 생명은 하나이기 때문이다. 인식할 수 없는 지금만이 실재다. 그것에 대해 인식하는 순간 그것은 비실재가 되고 만다.

실재는 뭐라 말할 수 있는 것이 없으니 텅빔이다. 무無다. 그렇다고 없는 곳이 없으니 충만이다. 실재는 텅빔과 충만이다. 텅빔은 공간이 비었다는 말이 아니다. 공간이 없다는 말이다. 충만도 공간이 꽉 찼다는 말이 아니다. 하나님의 무한하심과 완전하심을 일컫는 말이다. 인간의 언어로는 표현 불가능한 세계다.

실재의 세계에는 시공간이나 대상이 존재하지 않으므로 우리가 실재라고 믿는 이 육의 세계, 대상으로 인식되어지는 에고의 세계란 존재하지 않는다. 영원에 관점이란 것이 있을 수 없지만 인간의 언어를 빌려 영원의 관점에서 보면 시간과 공간이 없으므로 이 세상은 창조된 적이 없다.

영원한 세계이기에 변화란 것도 있을 수 없다. 시공간이 실재라고 믿는 인간만이 과거, 현재, 미래로 보기에 태어남과 죽음이 있는 것이다. 영원에서는 시작과 끝이 없기에 태어남도 죽음도 없다.

　오직 하나님, 신성, 그것 밖에 없다. 그것이 나요, 그리스도다. 우리는 처음부터 그것이었고, 그것이 아닌 적이 없었다. 단지 그것인줄 모를 뿐이다. 그래서 복음이 필요하다.

4. 나는 아무것도 할 필요가 없다

1) 나는 해야 할 일이 있다

　이제 결론을 말할 차례다. 이 책을 통해 말하고자 하는 것은 하나Oneness다. 하나 안에서는 "나는 아무것도 할 필요가 없다." 하지만 아직 하나가 되지 못한 사람, 하나님 나라를 소망하지만 여전히 그 나라를 찾아 헤매는 사람, 어떻게 하면 죄에서 벗어날 수 있을까 하며 여전히 고민하는 사람, 주님과 하나 되기를 열망하는 사람은 여전히 해야 할 일이 있다. 마치 탕자가 뉘우친 후 아버지 집으로 가는 일을 했던 것처럼 그렇다.

　앞에서 나는 그것에 대해 말했다. 믿음을 가지고 마음과 정성을 다해 하나님을 사랑하고 그의 계명을 지키는 것, 헌신과 순종을 하는 것, 회개하는 것 등이다. 그 외에도 해야 할 일이 있다. 앞에서 대부분 거론했던 말이지만 다시 한 번 요약해서 말한다.

첫째로는 하나님을 하나님으로 믿어라. 하나님께 예외나 조건을 두는 것은 하나님을 믿지 않는 것이다.

둘째는 그 어떤 예외를 두지 말고 자기 자신을 포함하여 모든 생명들에 경외심을 갖고 그들에게 친절하라는 것이다.[103] 다 하나님으로 대하는 것이다.

셋째로 모든 일이나 사건들에 대해 판단하지 마라. 판단은 오직 성령께 맡기고 그에게 어찌할지를 여쭤라.[104]

넷째로 무슨 일이 있더라도 목격되고 경험되는 일을 무조건 용서하라.[105]

다섯째로 에고의 사고체계에 매몰되지 마라. 오직 성령의 사고체계를 기억하라. 그리하여 이윤이나 이득에 대해 에고의 판단을 포기하고 성령께 내맡겨라.

여섯째로 영적 의지를 가지되 포기하지 마라. 영적 의지는 우리를 하나님께 연결하는 끊어지지 않는 강한 밧줄이다.

---

103) (고전 13: 4)사랑은 오래 참고, **친절합니다**. 사랑은 시기하지 않으며, 뽐내지 않으며, 교만하지 않습니다.(표준새번역)
104) (마 7:1)비판을 받지 아니하려거든 비판하지 말라
    (요 16:13)그러나 진리의 성령이 오시면 그가 너희를 모든 진리 가운데로 인도하시리니 그가 스스로 말하지 않고 오직 들은 것을 말하며 장래 일을 너희에게 알리시리라
105) (마 18:21)그 때에 베드로가 나아와 이르되 주여 형제가 내게 죄를 범하면 몇 번이나 용서하여 주리이까 일곱 번까지 하오리이까 (마22)예수께서 이르시되 네게 이르노니 일곱 번뿐 아니라 일곱 번을 일흔 번까지라도 할지니라

일곱째로 겸손함과 철저한 헌신, 내맡김을 통해 삶이 기도가 되게 하라.

이것은 영성의 길을 가는 사람들에게 적용되는 보편적 사항들이다. 이것들은 내면의 정직함을 바탕으로 한다. 아직 하나가 되지 못했으면 하나인 것처럼 살아가는 방법을 제시한 것이다. 이외의 것들은 항상 성령께 간구하며 살면 된다.

2) 나는 아무것도 할 필요가 없다.

그동안 이 말을 우리는 통상적으로 단지 복음과 구원에 대해서만 사용해 왔다. 구원은 인간의 그 어떠한 노력이나 행위로 이루어지는 것이 아니라, 오직 하나님의 은혜로만 가능하다. 하나님만이 우리를 구원하신다. 인간은 인간을 구원할 수 없다. 이 말은 참이다. 여기에 그 어떠한 수식어나 조건이나 단서도 필요하지 않다. 글자 그대로 우리는 아무것도 할 필요가 없다.

하지만 이 말의 의미를 좀 더 깊이 이해할 필요가 있다. 이제까지 우리가 살펴본 비이원성과 하나임으로 이 말을 이해해야 한다.

에고의 둘의 세계에서는 하는 자와 그 대상이 존재한다. 모든 것이 원인과 결과로 판단되어진다. 이것은 필연적으로 시공간이 있어야만 가능하다. 대상과 대상 사이, 원인과 결과 사이에 존재하는 시간과 공간이다.

그러나 영의 세계, 비이원적인 하나의 세계, 하나님 안에서는 대상도 없고, 시작과 끝이 없다. 원인과 결과도 없다. 그러므로 시간과 공간도 존재하지 않는다.

비인과론적인 세계에서는 원인이 결과를 가져오지 않는다. 우리의 영적인 것을 포함하여 그 어떠한 노력도 결과와 무관하다. 그저 인과론에 따라 사고하는 우리의 생각일 뿐이다. 결과는 의지나 노력의 결과가 아니라, 의식의 장 자체가 갖고 있는 힘의 귀결이다. 그러므로 무위자연無爲自然은 의식의 속성을 일컫는 말이다.

따라서 "나는 아무것도 할 필요가 없다."는 말은 시간과 공간이 없는 하나의 세계에서는 아무것도 할 필요도 없다는 말이다. 아무것도 하는 자도 없으며, 해야 할 일도 없다. 깨달음이나 구원은 얻어야할 조건이 있는 것이 아니다. 다만 참나의 끌어당김으로 자연 발생한다.

진정 "나는 아무것도 할 필요가 없다."는 이 말은 영원 안에서만, 하나 안에서만 가능하다. 그대로 하나님 나라다. 덧붙일 말도 없다.

<부 록> 영성수련

영성수련에 대해서는 뭐라 할 말이 없기에 쓰지 않으려고 했다. 그러나 6월에 관상기도 수련회 일정이 잡혀있어서 따로 원고를 만드느니 아예 책에다 대략적인 내용을 쓰려고 한다.

대략 17년 전쯤 그 언저리인 것 같은데 한창 은사가 충만할 때였다. 그때 기도를 많이 하시는 분들이 내게 육성을 죽여야 한다는 말을 했다. 그래야 교만하지 않고 은사를 성령님의 뜻대로 잘 쓰게 된다고 했다. 육성이 살아 있으면 내 욕심대로 은사를 쓰기에 타락한 은사자가 된다고 말했다.

나는 그 말을 좋게 받아들여 육성을 죽이는 훈련을 내 스스로 해 나가기 시작했다. 금식도 하고 매일 그것을 놓고 기도를 했다. 그러는 중, 하나의 의구심이 떠올랐다. 기도 좀 한다는 사람들이 흔히 "육성을 죽여야 한다.", "에고를 죽여야 한다."고 말하는데 대체 육성이 뭐지? 육성이란 실체가 없는 것인데 어떻게 죽이는가? 적을 모르는데 어찌 싸워 이길 수 있는가?

그 즈음에 교회에 장례가 났다. 남자권사님이 돌아가셨는데, 간경화가 간암으로 진행돼 결국 돌아가셨다. 하관식을 하는데 석관을 썼다. 키는 작지만 거구의 몸인데다 복수까지 차서 석관에 들어가지 않았다. 우여곡절 끝에 석관 안에 안장은 했는데 이번에는 석관 뚜껑이 닫히질 않았다. 대충 관 뚜껑을 얹어놓고는 고인의 형이 건장한 조카들을 불러 모으고 안에 들어가 밟으라고 시켰다. 대략 15cm 정도는 떠 있던 관 뚜껑이 10여 분 정도 밟으니까 닫히는 것이다. 그렇게 해서 하관식을 마치고 봉분을 하고 장례를 마쳤다.

관속에서 무슨 일이 일어났기에 뚜껑이 닫혔는지 말하고 싶지는 않다. 살아있는 사람은 아프다고, 나 죽는다고 난리를 쳤겠지만 죽은 사람은 말이 없었다. 나는 그때 생각했다. 아하, 육성을 죽이는 것은 죽은 사람처럼 되면 되는 것이구나. 그리하여 묵상도 모르고 관상기도도 모르는 내가 죽은 사람처럼 되는 훈련을 시작했다.

죽은 사람은 감각이 없으므로 나는 모든 몸의 감각을 사라지게 하는 훈련을 했다. 나는 있는데 몸의 감각이 사라지니 내가 몸 안에 있는지 몸 밖에 있는지 모르게 되었다. 여기서 몸의 감각이 사라진다는 말은 감각이 완전히 없어지는 것을 의미하지 않는다. 감각은 그대로 있어서 밖의 소리도 들리고 보이는 것은 다 보이지만 그것이 마음에 영향을 주지 않는다는 것이다.

그러면 시간도 멈추는 듯 했다. 그리고 생각을 없애는 방법을 연구했다. 몸이 완전히 이완되면 몸의 감각이 사라지는 것을 뇌에 적용하는 것이다. 뇌에 힘을 빼니 정말 생각이 사라졌다. 생각이 사라졌다는 말도 생각이 없다는 것이 아니라, 생각을 붙잡지 않는다는 말이다.

그 시절의 문제는 그렇게 되면 잠이 쏟아진다는 것이다. 앉아서 몇 달을 잤다. 그러다가 잠이 점차 없어지더니 이번에는 무슨 의식이 떠오르는 것이었다. 생각이 다시 살아났나 싶어 생각을 다시 이완시켰는데도 여전히 그 어떤 의식이 그대로 있는 것이었다. 그래서 그때 나는 그것을 "의식 너머의 의식"이라고 불렀다.

몇 년 전에 관상기도에 대해 공부를 하면서 생각 너머의 생각이 내가 말한 의식 너머의 의식이라는 것을 알았다. 그리고 그때 잠에 빠졌던 이유도 알게 되었다. 그것은 자아감마저 죽였기 때문이다. 관상수행에서는 나라고 하는 또렷한 의식이 있어야 한다. 그 의식이 집중이 되면 확장을 시작하고 결국에는 우주의식과 하나가 되는 것이다. 이것이 합일이다.

영성수련에는 왕도가 없다. 길도 없다. 여러 스승들이 자신이 했던 것을 가르쳤고 그것이 ○○수련법이라는 이름을 달게 된 것이다. 여러 방법들을 사용하여 수련을 하더라도 사람마다 다 다르다. 그러므로 기본적인 것을 터득한 다음에는 자신의 길을 가는 것이다. 이른바 길 없는 길을 가는 것이다.

기독교에서 행해지는 영성수련의 길은 대략 둘로 나누어 설명한다. 무념적 방법apophatic way과 유념적 방법kataphatic way이 그것이다. 이는 이미지를 사용하느냐, 그렇지 않느냐에 따른 구별이다.

이미지를 사용하지 않는 무념적 방법에는 관상기도, 향심기도 등이 있으며, 유념적 방법에는 이냐시오의 영신수련 등이 있다. 이미지를 사용하는 성 이냐시오의 영신수련법은 그것이 아무리 매혹

적이라 하더라도 여전히 둘의 세계일 수밖에 없다. 그리하여 나는 무념적 방법을 따르라고 말한다.

관상기도를 할 때 몸은 충분히 이완되어야 한다. 이완되지 않으면 감각이 살아난다. 몸의 감각이 명상을 방해하게 된다. 이완되더라도 감각은 사라지지 않는다. 다만 감각으로만 있을 뿐이다.

호흡은 특별히 신경 쓸 필요는 없다. 물론 호흡법을 익힌 사람은 이완하기가 훨씬 쉽고 명상에 잘 들어간다. 그렇다고 해서 따로 호흡법을 익힐 필요까지는 없다. 이완이 되면 호흡은 저절로 따라 와 가지런해진다. 들숨보다 날숨을 고르게 정성껏 하게 된다.

몸이 이완되면 잠이 오기 쉽다. 이때 자아감이라고 부르는 나라는 자각을 또렷하게 유지해야 한다. 자아감이 사라지면 이른바 무공간이라고 부르는 공空에 빠지게 된다. 자아감을 또렷하게 인식한다는 것은 모든 감각이 열려있는 상태로 그저 나라는 느낌으로 있는 것이다.

몸과 마음이 충분히 이완된 상태에서 또렷한 자아감을 가지고 한 생각을 떠올리는 것이다. 이때의 생각은 정신화작용에 의한 생각이나 지성, 또는 감성에 의한 생각이 아니다. 그것 너머의 생각이다. 의식 너머의 의식이다.

왜 한 생각을 떠올리느냐 하면 생각이 끝임 없이 떠올라 집중을 방해하기 때문이다. 그러기에 아예 한 생각을 주는 것이다. 해 보면 알겠지만 한 가지 생각을 꾸준하게 집중하기란 사실 매우 어렵다. 초심자에게는 흔히 숫자세기를 가르친다. 1부터 10까지 아무 생각 없이 계속 반복해서 세는 것이 얼마나 어려운 지 해보면 안다.

관상기도에서는 "하나님"이란 단어를 준다. 향심기도에서는 "사랑", "자비" 등과 같은 거룩한 단어를 한 생각으로 준다. 이를 생각 너머의 생각으로 올려놓고 있는 것이다. 생각 너머의 생각을 굳이 말로 하자면 솜털 위에 깃털 하나 올려놓는다고 생각하면 된다.

이 느낌을 찾기가 매우 어렵다. 하지만 시간이 걸리더라도 해보면 안다. 여기서는 정신화작용을 하지 않기에 단어의 의미는 없다. 그러므로 그 단어의 의미를 찾으려 하거나 의미가 생겨나면 이미 실패한 것이다.

생각 너머의 생각에 안주하게 되면 집중상태가 된 것이다. 집중상태가 되면 나라는 의식이 점차 확장을 시작한다. 처음에는 내 몸에서부터 시작하여 점차 확대되어 결국에는 우주의식과 하나가 된다. 이것이 합일이다. 여기가 끝이 아니다. 에크하르트의 말처럼 신성으로의 돌파가 이루어져야 끝이다. 그 다음은 없다.

내가 영성수련을 말로 설명할 수 있는 것은 이 정도다. 하나임에서는 오감으로 지각되거나 인식되는 모든 것에는 의미가 없다는 말을 앞에서 했다. 수련에 임하는 자는 누구나 보이는 세상에 의미를 두어서는 안 된다. 그저 지나가는 사람처럼 살라. 헐렁한 옷을 걸친 듯 살라. 보이는 모든 것은 의미가 없다. 빠르게 지나가는 열차에서 바라보는 것처럼 보라. 수련을 계속하다 보면 변화하는 자신을 느끼게 될 것이다.

한 가지 주의해야 할 점은 수련 과정에서 여러 가지 현상들이 나타나기도 한다는 점이다. 이러한 현상은 무시해야 한다. 하나의 세계에서는 구별된 그 어떤 현상도 존재할 수 없다. 이러한 이유 때문에 영신수련법을 권하지 않는 것이다. 철저한 믿음을 가지고 성령님의 인도하심을 따라 그냥 계속하는 것이다.

에필로그

밖에 눈발이 날린다. 날리는 것이 눈발뿐이겠는가? 보이는 것은 어디로 가는지 모르게 다 날아간다. 모른다는 것은 의미가 없다는 것이다. 모든 의미는 환상이다. 성령의 사람은 바람과 같다.[106] 어디로 불며, 어디로 가는지 다 의미 없다.

예전에 여러 군데 개신교 수도원을 다녀 본 적이 있었다. 거기서 사람들과 대화를 해 보니 하나에 대해, 왜 수행을 하는지, 그런 수행 방법이 왜 나왔는지를 잘 모르는 것 같다는 느낌을 받았다. 그래서 이런 책 정도는 하나 있어도 되겠다는 생각에 용감하게 썼다.

내가 사는 치악산에서 서울을 가려면 여주나 이천을 거쳐 가야한다. 이미 서울에 도착한 사람에게는 여주나 이천은 아무 의미가 없지만 치악산에서 출발해서 가는 사람에게는 중간 기점에 대한 정보가 필요할 것이다. 이 책은 서울로 가는 이정표에 지나지 않는다. 그저 영성 입문서 정도로 생각해 주었으면 한다.

영성에 대해 공부를 해 본 사람은 누구나 알겠지만 영성에 한

---

106) (요 3:8)바람이 임의로 불매 네가 그 소리는 들어도 어디서 와서 어디로 가는지 알지 못하나니 성령으로 난 사람도 다 그러하니라

번 발을 딛고 나면 되돌아가는 길이 없다. 세상이 주는 맛과 다르기에 포기할 수 없다. 집어던졌다가 어느 순간 다시 붙잡고 있는 자신을 발견할 것이다. 영성의 맛은 깨달음이다. 깨달음과 함께 찾아오는 희열이다. 결코 잊을 수 없는 맛이다.

모든 질문이나 의심이 영성의 시작이다. 작은 질문은 작은 깨달음을, 큰 질문은 큰 깨달음을 줄 것이다. 때로는 삶의 질곡과 나락이 우리로 하여금 자신을 되돌아보게 한다. 그것도 영성의 시작이다. 나는 질문으로부터 시작했으나 그것은 사람마다 다르다. 문제는 질문을 포기하지 않는 것이다.

질문은 그것을 답해 줄 스승을 늘 준비하고 있다. 자연이 되었든, 책이 되었든, 아이들의 노래 소리가 되었든지 간에 그렇다. 운이 좋은 사람은 제대로 된 스승을 만나 체계적으로 공부를 하게 된다. 그러나 답은 스승도, 주변의 그 어느 것에도 없다. 답은 내 안에 있다. 답이 나다. 질문만큼의 답이 나다. 그리고 그 길을 인도하시는 분이 성령이시다.

묻는다는 것은 무언가를 물었다는 말이다. 일단 물었으면 포기하지 말고 꼭꼭 씹어라. 물은 것을 삼켜라. 피가 되고 살이 될 때까지 계속 물고 씹고 삼켜라. 그래야 물은 것이 내가 된다.

우리가 질문을 가지고 있을 때, 내가 물은 것인지, 질문이 나를 문 것인지 마치 그 질문이 나를 붙잡고 놓아주지 않는 것처럼 느낄 때가 있다. 이럴 때에는 답답하여 힘들고 마치 미칠 것 같은 느낌이 들기도 한다. 그러다 질문이 사라지는 순간, 질문이 놓아지는 순간, 질문을 잊어버린 순간, 성령의 도우심으로 지혜가 번쩍하고 온다.

'아!'하는 탄성과 함께 그냥 알게 된다. 분리하고 구분하여 개별적으로 알던 것들이 하나 속으로 용해되어 들어간다. 그리고는 "하나밖에 없다. 하나만 알면 다 안다."는 앎이 자리를 잡는다. 질문을 잡고 있을 때는 그런 순간이 오기 힘들다. 만 5년 전의 일이다.

3년 전에는 허공이 나라는 것을 알게 되었다. "이게 나였어? 허참!" 그때까지만 해도 그래도 나라고 하는 것이 어떤 형태로든 있을 거라고 생각했었다. 그런데 이게 나라니.

40살에 나는 스스로 호를 빈탕이라고 지었다. 그리고 내가 쓴 책이나 원고들 말미에 항상 빈탕이란 호를 썼다. 그로부터 15년이 지난 뒤에 정말로 내가 빈탕이라는 것을 깨달았다. 웃음밖에 나오질 않았다.

그것은 깨달음에 대한 기쁨의 환호가 아니다. 나라고 믿어왔던 것, 이것만은 있어야 한다는 것, 마지막 남은 이것이 나라고 하는 것들이 사라지고 남은 빈 공간을 채우는 허탈한 웃음이었다. 빈탕은 하나님이자 의식 그 자체다. 개별성이 없는 의식, 텅 빈 충만이 빈탕이다.

영성에 대해 공부하고자 하는 이들에게 소개하고 싶은 책들이 있다. 나에게 많은 영향과 영감을 주고 길잡이가 되어준 책들이다.

첫째로는 데이빗 호킨스박사의 저서들이다. 『의식혁명』, 『나의 눈』, 『호모 스피리투스』, 『놓아버림』 등 여러 권의 저서들이 있다.

둘째로는 내면의 평화재단ACIM에서 나온 『기적수업』이다. 이 책은 합본으로 교과서, 학생용 연습서, 교사용 지침서, 심리치료, 기도의 노래 등이 한권의 책에 수록되어 있다.

이들 책을 읽는다면 내 책은 읽지 않아도 기꺼이 감사할 것이다. 이들 책 중에 단 한 페이지만이라도 제대로 이해한다면 내 책은 쓰레기통에 처넣어야 할 것이다. 그 어떠한 표현으로도 나는 이 책들의 위대함을 담아내지 못한다. 부디 이 책들을 읽어주시면 나는 매우 행복할 것이다.

나는 아무 것도 할 필요가 없다

2019년 3월 15일 1판 1쇄 발행
지 은 이 | 염기석
펴 낸 이 | 염기석
펴 낸 곳 | 도서출판 Oneness
　　　　　주소 _ 강원도 원주시 남산로 103 3동 606호(일산동, 우보삼성아파트)
　　　　　전화번호 _ 070-4138-8434, 010-3352-8434
　　　　　이메일 _ yks02140@daum.net
　　　　　블로그 _ http://blog.naver.com/yks02140
등　　록 | 제 419-2019-000005호
인　　쇄 | 청산(대표 강석훈, 010-3454-4247)

ISBN 979-11-966489-0-9
이 도서의 국립중앙도서관 출판예정도서목록(CIP)은 서지정보유통지원시스템 홈페이지(http://seoji.nl.go.kr)와 국가자료종합목록시스템(http://www.nl.go.kr/kolisnet)에서 이용하실 수 있습니다. (CIP제어번호 : CIP2019010002)
값 14,000원